HUNDERTWASSER

HUNDERTWASSER

von J. F. MATHEY

Gondrom

Haupttitel: (765) SELBSTPORTRAIT, 1974
Aquarell auf Papier, 31 x 25 cm.

Vorderes Umschlagbild: (170) DER GARTEN DER GLÜCKLICHEN TOTEN, 1953
Huile sur fibre pressée, apprêtée en blanc,
entourée d'une baguette électrique, 47 x 58,5 cm.

Aus dem Französischen von:
SUSANNE LÜCKE-DAVID

Lizenzausgabe für Gondrom Verlag GmbH & Co. KG, Bindlach 1992
Gesamtredaktion der Reihe »Meister Der Modernen Kunst«
Madeleine Ledivelec-Gloeckner
© 1985 Bonfini Press, S.A., Naefels, Schweiz
Alle Rechte der Abbildungen bei Gruener Janura AG,
Burgstraße 28 CH - 8750 Glarus, Schweiz
ISBN 3-8112-0953-1

97 DER WUNDERBARE FISCHFANG, 1950
Mischtechnik: Kalkkasein auf vier Preßfaserplatten
Einzeln: je 275 × 125 cm, zusammen 275 × 500 cm

HUNDERTWASSER

ODER DIE REISE IM REGEN UND UM DIE SONNE

*Auf der buntgefleckten Erde wandert einer, der ist kein
Muselman, kein Ungläubiger, nicht reich, nicht arm.
Er kümmert sich weder um Allah noch um die Gesetze.
Er glaubt nicht an die Wahrheit. Was für ein Mensch ist
das, tapfer und traurig, auf der buntgefleckten Erde?*

Vierzeiler von Omar Khayyam

NR. 200 - KK 48. GASSENBUB AUS VENEDIG, 1949
Kohlenstift und Pastellfarben fixiert auf braunem Packpapier, 32 × 23 cm

Wien I. Schönlaternengasse   Samstag, 4. September 1943

NR. 25 - KK XIV. HEILIGENKREUZERHOF-TOR, 1943
Bleistift und Aquarell auf Papier, 20 × 15 cm

DAS WERK, EINE REISE

Von der hohen Stirn des grünen Berges fallen hundert Flüsse herab wie sich kräuselnde Haarlocken, in mäandrigen Windungen, die dann aus wogenden Armen die Reisfelder und die duftschwere Ebene, fruchtbar durch den angeschwemmten Schlamm, mit ihren Wassern laben. Schließlich öffnen sie die Hände, Regentropfen und Rosenblüten streuend, und spreizen die Finger ins ruhige Meer, goldbraun und algengestreift. Endlich der ersehnte Fleck der aufgehenden Sonne, unerreichbar über der ondulierenden Wasserfläche.

Der Künstler, ein Wanderer. Und sei das Meer auch gelb oder schwarz unter schwerem, sattem Himmel, die beschworene Landschaft hinterläßt, abgedrängt in den fernen Osten der Bilder in unserem Inneren, wie eine Doppelbelichtung, saubere, klare Formen: dreieckige Berge, Bänder von Flüssen, Deltas, die Strahlen auf dem Ozean und die Sonnenscheibe und all jene winzigen Punkte, die Wälder bedeuten oder alte Hauptstädte. Rot, Indigoblau, Violett, Smaragdgrün — lebhafte Farben füllen die Konturen: man könnte fast sagen, eine Kinderzeichnung mit Häusern, spitzen Dächern, Kirchtürmen unter Zwiebelhauben auf der Sternenwiese. Aber auf dem Grunde der Netzhaut bleibt der Schein eines kaum erlöschenden Lichts. Denn dieses ist mehr als nur die bereitwillige, gefällige Illustration eines Märchens aus Mitteleuropa oder Japan, es ist ein Gleichnis in Bildern, das des nicht müde werdenden Wanderers Hundertwasser, des Maler-Wanderers. Seit nahezu vierzig Jahren nun bezeichnet sein Werk eine Odyssee ohne Ende, jedoch nicht ohne Ziel, eine Irrfahrt rund um die verlorene Welt des Menschen. An Bord seines Atelier-Schiffes »Regentag« kreuzt er auf dem Meer unseres Inneren. Getragen von den Winden der offenen See, schifft er zu den Antipoden unserer Sphäre — und genau dort legte er vor nunmehr sieben Jahren an, während sein Werk die Rundreise über fünf Kontinente fortsetzte. Welcher Fluch treibt den Menschen zu fliehen wie ausgestoßen vom Leben? Oder ist dies, im Gegenteil, eine lange Heimkehr? Eine vertraute Erscheinung, die eine geheime Weise singt und ihn an das Herz eines jeden seiner Bilder zieht, koloriert wie die Segel der Feluken[1] aus dem Bilderbuch?

> *O Haus, Haus, warum hast du mich ziehen lassen,*
> *warum wolltest du mich nicht hüten, warum Mutter,/ hast du vor langer*
> *Zeit dem Lügner Herbstwind,/ dem Feuer langer Abendstunden — hast*
> *du jenen/ Magiern erlaubt —/ o du, die du mein Herz kennst — mich*
> *mit/ ihren tollen Geschichten so zu verführen/ — Geschichten voll vom*
> *Geruch alter Inseln/ und von Seglern, verloren im großen stillen Blau/*
> *der Zeit und von südlichen Stränden, an denen Jungfrauen warten.*

> (»Schlaflosigkeit«, Oscar Venceslas von Lubicz-Milosz)[2]

Aber verfolgt werden und wiederum selbst verfolgen, das ist stets derselbe biologische Kreislauf alles Lebendigen; eine Bewegung, die nichts hat vom harschen Klang niedergehender Hagelwetter, nichts vom plötzlichen Sprung des Raubtiers, das jagdbereit auf der Lauer lag. Der Sinn für dekoratives Gewächs, für Lianen, den Efeu, für Kletterpflanzen, flicht sich in das Wurzelwerk des heimischen Jugendstils. Die üppig wuchernde Linie, das grellbunte Kolorit rufen Erinnerungen an Cobra wach. Aber Hundertwasser ist doch immer ein anderer und nur sich selber ähnlich. Mehr als eine Chronologie aufgrund stilistischer Untersuchungen enthüllt das Werk selbst ein beständiges Drängen, wie jenes, das in unablässiger Mühe die Knospe am Baum im Mai plötzlich bersten, das

---

(1) Küstenfahrzeug des Mittelmeerraums (Anmerkung des Übersetzers).
(2) Die Wanderausstellung »Österreich zeigt den Kontinenten Hundertwasser«, die um die Welt ging, wurde zuerst in Paris im Musée d'Art moderne de la Ville de Paris von Mai bis Juli 1975 gezeigt. Die Albertina stellte 1975 das graphische Werk aus (*Das graphische Werk, 1951-1975*). Auch diese Ausstellung ist eine Wanderausstellung. Sie wurde im Oktober und November 1975 in New York im New Art Center gezeigt.

Nᴿ. 136 - KK 29. PᴏʀᴛʀÄᴛ ᴍᴇɪɴᴇʀ Mᴜᴛᴛᴇʀ, 1948
Pastellkreide auf Zeichenpapier, 62 × 43 cm

tauende Eis brechen läßt: es ist Pulsschlag der Lebenssäfte, Blut, Lauf der Flüsse unter dem Blick der Sonne und des Mondes; und während sich die Kreise der Reise auf dem Ozean weiter ausbreiten, anderen Himmeln entgegen, zieht sich das Werk in sich zurück, der Mensch steigt hinab auf den Grund seiner selbst gemäß dem Gang der Zeit, unmerklich langsam und schneller als der Blitz, wenn die Zeit sich aufhebt. Vor dem Bild zählt allein die Vision (die sich nicht immer unmittelbar einstellt und der man schon eine Weile nachgehen muß), die Vision dessen, was in einer zugemessenen Zeit für den Künstler zur Schöpfung wurde. Da ist es, sein Geschenk. Hundertwasser setzt sich nicht außerhalb der Zeit, die Tränen auf seinen Bildern sind nicht die einer Sehnsucht nach dem Vergangenen: er kann beweinen, was ist, nicht das, was gewesen ist.

Er vertut seine Zeit nicht mit artifizieller Spielerei; nichts, was weniger formalistisch oder forciert wäre als seine Malerei: sie schenkt Vergnügen wie die Blume auf dem Blatt, aber sie ist nicht bemüht zu gefallen, zu unterhalten die Müßigen, die Sensationslüsternen, die, welche die Zeit totschlagen. Die Malerei ist vitales Anliegen. Kein kategorischer Imperativ mehr, wie die Gesetze von Arbeit und Entgelt. Er hat keine Verpflichtung einer Tätigkeit nachzugehen, die vor den Augen der Welt seinen Anspruch auf Luft und Erde rechtfertigte, und also, da man ja Maler ist, zu malen. Das Figurative, die Konstruktion, die Abstraktion sind nicht Hundertwassers Sache: Der ist ein Künstler der Farbe. Er schlägt die Zeit nicht aus, wenn er sich zur *Insel der verlorenen Wünsche* ((755), s.S. 68) einschifft, wo sich der massive Stamm eines Feigenbaums einem leeren Zimmer aufdrängt, so wie das Dauerhafte der Mode trotzt und den Strömungen der Zeit (die menschliche Gegenwart — der Maler und der andere — zugewandt den beiden kleinen Blumensträußen auf dem karierten Tischtuch); aber wenn er vorsätzlich die Zeitzonen miteinander vermengt, um an Orte zu gelangen, wo das Licht Königin ist, wo der weiße Schnee ist, die unendliche Prärie, dann ist es die schlechte Lebensart der Menschen, die er zurückweist. Hundertwasser nimmt sich seine Zeit. Wenn er auch im Flugzeug reist, seine Reise bewahrt ein wenig vom Atmen der Segel, und im transkontinentalen Eisenbahnzug läßt das rhythmische Rollen der Räder auf den Schienen automatisch Bilder erstehen, die auf seltsame Weise jene überlagern, die hinter der Scheibe vorbeifliegen; die Landschaft saust dahin, aber der Herzschlag, wie der der sich drehenden Räder, schafft Ordnung unter den Fetzen gepflügter Felder, den Wäldern auf den Hügeln, Tälern, gesehen durch den weiten Bogen eines Viadukts: ein Zusammenspiel kolorierter Formen, diktiert von einem Rhythmus, der so natürlich ist wie der einer Allee.

Es gibt noch mehr Paradoxes, besonders für den Menschen von heute, der sich rastlos in Windeseile fortbewegt. Das Gemälde (740) (*Zweimal über Indien*, s.S. 65) zum Beispiel: der Eindruck des Abhebens, ausgelöst durch die Abwärtsbewegung der Linien auf einen Fluchtpunkt zu, der jenseits der Begrenzung der Leinwand liegt, und durch die stürzende Abfolge, wird verstärkt durch die Überlagerung mit einem statischen geordneten Muster von Dächern, dann Schornsteinen, Bäumen, umzäunten Gärten aus der Vogelperspektive gesehen, auch von weniger präzisen Bildern, aber Flecken klar begrenzten Lokalkolorits, durch die Sonne vergoldet; all dieses macht, daß die Zeit in diesem Bild nun nicht mehr die Momentaufnahme eines Jetstarts ist, auf ein Stück Holz — den Bildträger — gebannt, sondern die innere Resonanz der Dinge, die langsam reifen, keimen und Tag für Tag sich abzeichnen.[1]

Hundertwasser über seine Arbeit:

> Meine Malerei ist, glaube ich, deshalb völlig anders, weil es eine vegetative
> Malerei ist. Ein Grund, warum die anderen Leute nicht vegetativ malen
> oder eine vegetative Lebenshaltung einschlagen wollen, ist, weil sie zu

[1] Das Bild ist auf diese Weise viermal datiert: *Zwei Reisen über Indien* (15/8/74 und 10/74), dann *Bay of Islands* (6/74) und *Wien* (1/75).

10

unscheinbar beginnt, weil sie keinen Eklat hat und keinen Paukenschlag, sondern weil sie ganz langsam und unscheinbar wächst, und das entspricht nicht unserer Gesellschaftsordnung, man will sofortige Leistung, die auf Raubbau beruht.[1]

Diese Worte umreißen das gesamte Werk Hundertwassers.

Die innere Reise. Wenn man von vegetativem Leben spricht — oder in engerem Sinn von pflanzlichem —, so fragt man sich, ob man überhaupt von »Reise« reden kann. Aber man darf die Fortbewegung nicht an unseren kleinlichen Maßstäben messen und unseren Vorschriften, wie sie die Verkehrsschilder anzeigen: Höchstgeschwindigkeit 110 km! Die innere Zeit ist im Einklang mit der äußeren (und jene bringt diese auch hervor, denn der Regen und der Sonnenschein sind zwei Phasen der Dauer). Der Fluß vermählt sich dem Abhang und liebkost dessen Erhebungen, schon darin ist er »vegetativ«. Und während er rastlos und auf unsichtbare Weise die härtesten Felsen höhlt, sind seine Überschwemmungen oder seine jähen Wasserfälle das, was die Menge anzieht. Es ist wahr, daß so manch einer sein Zimmer nicht verläßt und auf dem Rollfeld eines Teppichs umherreist, endlos an den Wänden entlangschnürend, um sich in der Mitte des Zimmers wiederzufinden, an seinem Arbeitstisch oder vor seiner Staffelei: Vegetieren einer Pflanze, zerbrechlich und bleich. Sie braucht schönes Wetter und Regen. Der Kollegiat von Charleville (Arthur Rimbaud) braucht nicht auf der Sargassosee umherzufahren, um Exotisches zu malen: ein paar Postkarten, Stiche, einige spannende Abenteuergeschichten erleuchten seine Einbildungskraft wie eine Laterna magica. Andere, im Grau ihrer Städte, sehen in ihrer Erinnerung, durch den Traum gesteigert und glorifiziert, die Küsten der Inseln in tausend Feuern lodern. Aber da ist immer zuvor eine visuelle Erfahrung, die dieses Reifen der Bilder und ihre Geburt ermöglicht; ohne diese Saat, so flüchtig, daß sie sich oft in die Unendlichkeit unserer Erinnerung senkt, bringt der Künstler nichts hervor, gibt er nichts: ein dürrer Ast; und wenn der, der sich in sein Atelier einschließt, niemals die befruchtende Luft der Weite eingeatmet hat, welche Inspiration wird seinen erdenschweren Geist emportragen? Der schwarze Kaffee hält ihm die Augen offen, aber er schaut ins Leere, die Eidechse auf der Mauer bleibt ihm unsichtbar.

Hundertwasser:

> Die Arbeit des Künstlers ist eben sehr schwierig, weil sie mit Gewalt, mit Fleiß und mit Intelligenz nicht getan werden kann. Ich meine, mit Kraft und Fleiß und Intelligenz kann man sonst im Leben alles tun, doch mit diesen Dingen bleibt einem aber das Resultat in der Kunst total versperrt... Ich glaube, daß da, und ich bin absolut sicher, deswegen glaube ich, daß Malerei eine religiöse Beschäftigung ist, daß dann der tatsächliche Impuls von außen kommt, von irgend etwas anderem, was wir nicht kennen, eine undefinierbare Macht, die kommt oder die nicht kommt und die einem die Hand führt. Man hat früher gesagt, es wäre die Muse zum Beispiel, es ist ein blödes Wort natürlich, aber es ist irgendeine Erleuchtung.[2]

Hundertwasser öffnete die Augen und sah Farbe. Lange bevor der Künstler seine Palette zu leuchtender Farbigkeit zusammenstellt, ist ihm ein Geschenk gegeben: die großen Weideflächen der Normandie, die Furchen des Ackers, die Felder von Raps und violettem Klee, die sich seinen Augen darbieten und sie blenden. Da gibt es volkstümliche Wandmalereien an Gasthöfen und Berghütten. Da gibt es Ausflüge im gleißenden Sonnenschein und Seereisen, die der ursprünglichen Farbskala eine neue Nuance hinzufügen und von nun an seinen Blick tönen. Das Nomadentum ist zu einem

(1) *Hundertwasser über Hundertwasser*, Haus der Kunst 1975, München, S. 17.
(2) Ebenda, S. 20 f.

11

110 PORTRÄT DES HADJ ALLAL, 1951
Aquarell auf grundiertem Packpapier, 46 × 43 cm

Wesenszug seines Werkes geworden: es geht nicht mehr darum, Bilder einzubringen im Skizzenblock wie auf einem Erntewagen, sondern ein mächtiges Reich zu errichten, das mehrere Pole hätte, ein Territorium, wo man wandern könnte — eines wie das der Schwäne, die im Herbst von der Ostsee zum Mittelmeer ziehen bis zu den Quellen des Nils und zurückkehren entlang dem Rhein und der Elbe, wenn das Frühjahr kommt. Zwischen seinen diversen Domizilen, Wien, Paris — Normandie, Venedig und Neuseeland, je nach den Launen der Jahreszeiten, webt Hundertwasser sein Tuch aus endlosem Faden, verbindet Punkt um Punkt gemäß der Laune einer instinktiven Geometrie und beginnt so ein Gemälde, das er irgendwo da unten fertig malt, um es später wieder hervorzuholen. Seine Werke sind keine ärgerlichen Klischees, keine touristischen Schnappschüsse.[1]

Sie fixieren im Bild die Reise selbst, ununterbrochen, es sei denn zu kurzer Rast, zu der der Zufall einlädt. Die Folge der Gemälde von Hundertwasser, die sich in der Kunstgalerie Rahmen an Rahmen reiht, bietet sich dar wie durch die Wagentür eines Eisenbahnzuges gesehen: da draußen weitet sich der unendliche Raum, das Gegenteil der klassischen Komposition, der Theaterkulisse. In Wahrheit ist es die Gesamtheit aller Bilder, die den Raum zur Wirklichkeit macht. Wenn sich zwei Betrachter über den Rahmen beugten, könnten sie einander hinter der Landschaft die Hand reichen.

Abgesehen von seinen theoretischen Schriften ist Hundertwasser kein programmatischer Künstler;[2] ohne Zweifel ein Weiser, aber mit dem ausgestattet, was nötig ist, nicht für einen solchen gehalten zu werden: abendländische Schalkhaftigkeit zügelt den Ernst. Der Humor ist auch das Taktgefühl der Intelligenz. Selbst allzusehr verwickelt in die Widersprüchlichkeiten der Dinge, betrachtet der Künstler den sich drehenden Globus aus keiner allzugroßen Höhe und mit einem nachsichtigen oder amüsierten Lächeln. Er weiß um den Einsatz des Lebens, wenn er von der Klippe herab den schimmernden Fluß betrachtet. Welcher impressionistische Maler hat nicht schon in den Tagen der ersten Revolution des Sehens seine Staffelei auf einen flachen Kahn gestellt mit dem Gefühl, daß seine Sicht der Dinge wichtiger ist als die bloße Wahrnehmung? Wenn der Maler die bewegten Linien der Landschaft mit den Augen verfolgt, wie Telegraphendrähte, aus einem fahrenden Zug gesehen, so fixiert er nicht Dinge, die flüchtig sind. Es ist die Zeit, die er in sich vergehen fühlt. Er erlebt die Veränderung, die er betrachtet, und die Reise zu Wasser zeigt mehr als jede andere diese doppelte Seinsperspektive. Der Reisende bewegt sich und zugleich wird er bewegt.

Der Ausdruck »fluidoid«, von Hundertwasser angewendet, um eine der Grundformen seiner Zeichnung zu beschreiben, bezeichnet angemessen dieses Vorbeigleiten des Menschen wie des Wassers, wahrhaft euklidische Zeit, die in einem gewaltigen Wirbelsturm die Moleküle jeden lebendigen Stoffs belebt. Die Spiralen der Bilder sind also keineswegs konzentrische Zielscheiben oder optische Spielereien, in denen sich die Vorstellung einer geraden, gleichsam auf das Bild gerichteten Linie, so wie ein Pfeil im Ziel steckt, veranschaulichen würde. Sie rollen, im Gegenteil, ihr langes Band sukzessive auf. Wie viele Umdrehungen, Umwälzungen, Windungen, bevor der Mittelpunkt erreicht ist, um den sich die Spirale bewegt! Ohne Zweifel kann der abstrakte Gedanke sich eine Vorstellung bilden und, indem er sich im Bild der Dinge niederläßt, sich der Schöpfung nähern; aber er entleert sie ihrer lebendigen, sprießenden Substanz, indem er die Zufälligkeiten der geistigen Reise wegradiert.

(1) Es gibt indessen auch »Souvenir«-Bilder, Werke, die häufig autobiographisch sind und ein Erlebnis mehr illustrieren denn »illuminieren«, etwa *Der wunderbare Fischfang* (⑨⑦, s.S. 5), eine Gemeinschaftsarbeit mit dem Maler René Brô, oder der großartige *Europäer der sich seinen Schnurrbart hält* (⑬①, s.S. 17), der die Pose eines touristischen »Eroberers« einnimmt.

(2) Hundertwasser bemerkt bei dieser Gelegenheit, daß verschiedene Gelehrte, mit denen er zusammenarbeitet, wie Wald, Lötsch, Dr. Seidl, Vetter, Nader, ganz anderer Auffassung sind als der Autor. Hundertwassers Auffassung veranschaulichen: die Wohnhausanlage für fünfzig Familien, die gerade in Wien entsteht, die Humusklosetts, die Reinigung des Wassers durch Binsen, die neuen Aktivitäten wie der Architektur-Doktor, die Baummieter, das Fensterrecht usw. ...

So wie wir es betrachten, erinnert das Werk Hundertwassers an die Hartnäckigkeit der ersten Seefahrer, die dem Instinkt folgte, an deren Weisheit und Verrücktheit: Kurs auf den Horizont zu nehmen und dem Menschen vorauszueilen. Nicht Königreiche zu erobern, sondern dem Menschen sein eigenes Königreich anzukündigen, hier und jetzt.

> Ich will zeigen, wie einfach es im Grunde ist,
> das Paradies auf Erden zu haben.

Solche Worte bezeugen sehr wohl die Offenbarung der Schönheit und die Einfachheit der Welt; das könnte eine allzu einfache Sicht der Dinge sein. Aber sie hat die Gewißheit, die weiterleben läßt, von Jahreszeit zu Jahreszeit, durch alle Zeiten. Hundertwasser vertraut in diese Einfachheit der Natur, die das Glück des Menschen ausmacht, und er bekennt sich zu ihr als dem Zeichen und der Gangart seines Lebens, als dem königlichen Siegel seines Werkes — jene Worte sind das Zeichen einer Suche.

Wenn der Künstler jedes seiner Bilder numeriert, so handelt er wie ein kluger Kaufmann; er bringt Ordnung in seine Angelegenheiten, wird man sagen, mit einer fast schrullenhaften Sorgfalt. Aber diese Umsicht, mit der er ein Verzeichnis anlegt, unterstreicht, ein wenig wie die Heiligen im Kalender, die den einzelnen Tagen zugeordnet sind, das Fortschreiten seines Werkes; jeden Tag ist eine Seite umzublättern. Jedes Bild ist Eintrag in ein Reisetagebuch. Es ist nicht dieselbe Leinwand, obschon so manches Mal ein Bild unfertig, unter Spannung bleibt, später wiederaufgenommen wird — es ist nur dasselbe Werk, fortgesetzt anderswo und auf andere Weise.

Gleichnis des Fahrrads. Den Akt des Malens kann man in Analogie zu einer Fahrradtour sehen. Hundertwasser vergleicht das Fahrrad mit der Hand, die das bildliche Zeichen aufs Papier bringt, so: die Linie, die das Fahrrad des Künstlers beschreibt, wenn er durch die Straßen von Paris radelt, von Saint-Mandé zur Rue de Lille, vom Atelier zur Galerie und zurück, ist schöner und gültiger als alle Linien, die er auf die Leinwand zeichnen könnte. Gleichermaßen ist der Weg, den jemand nimmt, um ins Museum zu gehen, wichtiger als die Linien, die er auf den dort aufgereihten Bildern sieht.

Das französische Wort »Promenade« (für »Spaziergang«) paßt sehr gut auf die Malerei Hundertwassers; es suggeriert die Muße und Entspanntheit des Geistes während des Promenierens, das erfüllt ist von der Gewißheit, schließlich irgendwo anzukommen. Jedes Bild kann wie der Ausschnitt einer Spirale gesehen werden, in die sich der Besucher entführt sieht. Die Ausstellung selbst ist Fragment einer noch größeren Spirale, von der wir weder Anfang noch Ende der Bilderrolle sehen. Wenn wir in der Galerie umhergehen, wandern unsere Augen von Bild zu Bild und folgen so dem Horizont, auf den sich alles hinbewegt, der wie eine Abschlußleiste rundherum läuft und unsere Umgebung absteckt. Wie in einem riesigen Kokon befindet sich der Kunstfreund. In welch seltsames Labyrinth hat er sich begeben, welchem Schicksal entgegen? Auf was für ein Abenteuer hat er sich eingelassen?

Hier haben wir jedoch etwas anderes als einen Faden der Ariadne, der durch die vier Ecken des Raumes unterteilt ist; jene Marksteine der Farbe entlang einer großen Straße, jene Bullaugen eines Traumschiffes sind jedesmal ein einmaliges Bild, und das ist das Wunder der wahren Malkunst, daß jedes Bild zwar nur Teil eines größeren Ganzen ist, aber genausoviel Gewicht hat: eine Reise ganz für sich, unabhängig von anderen ausgestellten Werken, die alle kostbare Bruchstücke einer unbegrenzten Wirklichkeit sind, bis auf den künstlichen Rahmenausschnitt von der Hand des Menschen, der wie eine Barriere ist.

Der Ausflug im Museum. Eine Schwalbe macht noch keinen Sommer, aber der Kanarienvogel und die Geranie neben einem grünen Fensterladen machen einen Garten auf dem Balkon. Jedes Bild auf der Leinwand ist ein Wirbel im fließenden Universum ((227), s. S. 21), unermeßliche Tiefe, ein Universum ganz für sich. In dem (im Bild) wiedergegebenen Wassertropfen liegen bereits alle Momente des Flusses, sein umherschweifender Lauf, sein Drängen zum Meer. Die Spirale des Bildes führt uns also nicht in den Zufälligkeiten einer Zeit und einer durchmessenen Entfernung (vorher, nachher) umher, sondern auf etwas hin, das jenseits des Sehens liegt. Das Auge tanzt, fliegt und läßt sich nieder, dann trinkt es in großen Zügen die Farbe, ihren Honig und ihren Nektar. Wie eine duftende Blume auf der Wiese bietet sich das Bild dar mit seinen strahlenden Farbtönen. Da sind die Blumen, die der Großvater Hundertwassers sorgfältig auf Teller gemalt hat, Blumen, die das Kind getrocknet in seinem Herbarium aufbewahrte, abgestorben, aber immer lebendig in seinem Gedächtnis, die gleichen prunkvoll gestickten Blumen wie auf den Umschlagtüchern und Kleidern, die die Mädchen der Täler Kärntens am Sonntag tragen. Aber wenn die Bilder Hundertwassers den Betrachter gefangennehmen, so führen sie ihn in den Bereich des Unsichtbaren, dessen Haus niemals vollendet wurde; sie haben die lebhaften Farben der Glasmalereien Mitteleuropas und den fremdartigen Zauber, die stille Feierlichkeit, die von den Umrissen und dem schummerigen Goldgrund der Ikonen ausgehen, fromme Malerei der alten slawischen Meister. Der Gedankenflug ins Reich des Ideellen vollzieht sich, selbst im Schimmer der Farben, nicht in der Dynamik eines Dahineilens von Ort zu Ort, von einem Bild zum anderen. Das Türchen zum Obstgarten ist einen Spalt weit offen geblieben, und wir sind in den Garten des Malers mit der Glut der Entdeckerfreude, mit der geheimnisvollen Unruhe, die an jede Entdeckung geknüpft ist, hinuntergestiegen. Kann man sagen: Dieses Bild ist am schönsten, wenn es weiter weg noch andere gibt? Wenn hier das Paradies wäre, umgeben von alten Bäumen und silbrigen Büschen, so müßte man hier seine Hütte bauen und hier für immer leben. Freilich wissen wir — ohne überhaupt an jenen Ort vorgedrungen zu sein —, daß der Lorbeer schon geschnitten ist. Eine ähnliche Unruhe senkt sich aus der zarten Blässe der dämmernden Sommernacht herab. Wie flüchtig doch die Schönheit ist! Doch ein Nachwehen von Düften, Blütengarben und Regensträußen retten wir in der Erinnerung herüber, und diesen Schatz nimmt der Besucher mit und hütet ihn eifersüchtig. Auf der Straße fällt der graue Regen. Gedränge, Hasten. Aber Wassertropfen, reiner als ein Kristall, funkeln in der Wiese, für die Ewigkeit, und verwandeln sie in diese grüne Pracht, die ihr nur ein kurzer Platzregen beschert hat. Der Regen, sein Lied in den Gräsern — auch sie sind schön, noch schöner aber die Melodie, die man nicht hören kann, und der Regen auf der Leinwand, immer befruchtend und ein Trost für die Seele.

Weil wir an ihr teilhatten, ist die Bewegung die unsere geworden; sie hängt nicht mehr von den Zufälligkeiten des Vagabundendaseins des Malers ab. Bei diesem Beweis der Freiheit angesichts des Kunstwerks erweist sich der Maler als Schöpfer und gleichsam als Sämann, der in uns den Samen zu Bildern wie blühenden Gärten sät, und als Zauberer. Uns ist die Einsicht gegeben, und Hundertwasser weiß darum; er öffnet uns weit die Tore der Malerei, damit alle endlich erkennen, was Einfachheit ist, und damit ein jeder das Tau seines Schiffes losbinden kann, um seine eigene Reise zu machen. Wenn sich der Maler damit begnügt, die Dinge auf Formeln zu bringen, so werden wir nach einer gewissen Zeit der Gewöhnung und Einfühlung das Gefühl eines »déjà-vu« haben. Man kann Vergnügen dabei empfinden, ein altes Bild wiederzusehen, weil es noch etwas zu sagen hat. Es verändert sich nicht, es atmet und lebt durch die, die es betrachten. Dies gilt auch für die Bilder Hundertwassers, die einander ähneln und den Anschein erwecken, als habe sich der Künstler wiederholt. Diese Tatsache ermöglicht es dem breiten Publikum, einen Maler wiederzuerkennen. Aber wenngleich zur selben Familie gehörig, bewahren die Bilder doch ihre besondere, niemals täuschende Individualität.

Der geradezu barocke Duktus der Linienführung, das pompöse Gold spiegelnder Flächen und die Reflexe auf dem ständig wogenden Wasser werden nie zu stereotyp wiederkehrenden Formeln. Man kann eher von einem Leitmotiv sprechen, das in immer neuen Harmonien anklingt, die vom Leben als Echo zurückgeworfen und variiert werden. Wenn nun das Paradies so nahe liegt, daß es die Finger fast berühren, warum ißt der Mensch dann Steine auf einer unfruchtbaren Erde? Man kann nicht mehr von einem »déjà-vu« sprechen, wenn es sich um Durchlebtes handelt. Die Mutter nährt nicht zweimal denselben Säugling, das Gefühl überschäumenden Glücks bezieht sich nicht auf Vergangenes, sonst wäre es nicht Glück. Auch die bitteren Erfahrungen im Leben ersticken uns nicht in vergangenen Leiden und schmerzlichen Erinnerungen, sondern hier und jetzt, in der erlebten Gegenwart. Das hindert den Künstler jedoch nicht daran, Betrachter seiner eigenen Existenz zu sein, Abstand zu nehmen, denn er ist sich nur allzu schmerzlich der Zerrüttung und der Erdenschwere bewußt; und in diesem Augenblick übersät er uns in weitausholender Gebärde mit dem leuchtenden Funkenregen seiner Kunst. Er entfaltet Pracht, wenn alle Stimmen schweigen. Er beschenkt uns mit Wundern, damit wir Kinder, die wir sind, noch ein bißchen an Genien und Feen glauben. Es ist das verzweifelte Verlangen nach Glück, das großen Werken, in denen das graziöse Ornament die Grazie selbst spiegelt, ihre menschliche Dimension verleiht. Der Mensch, der dem Dunkel der Qual ausgeliefert ist, singt noch sein Lied. Mozart und Schubert — ihre Fantasien sind Lied und Heilsbotschaft zugleich. Die Wieskirche ist im Gewand der triumphierenden Geste und des Schreckens todbringender Kriege, die Europa dahinraffen, Zuflucht für die verzweifelte, unschuldige Menschheit.

Meine Bilder sind die Entwürfe meiner Träume.[1]

Oboe und Akkordeon zum Volkstanz, Spiegel, der das innere Leuchten reflektiert, wo der kupferne Gong im Einklang mit dem Herzschlag tibetanischer Mönche vibriert; das, was jenseits der Dinge liegt, kann man nur in seinem eigenen tiefsten Innern begreifen. Die Spirale ist sichtbarer Beweis dafür. Sie ist Entfaltung zeitlicher und räumlicher Dimensionen, aber darüber hinaus ist sie Ausdruck des Heraustretens aus sich selbst in die Welt und umgekehrt. Wir verfolgen alles wie einen Traum, dessen Stoff aus Fetzen unserer eigenen Träume gemacht ist, und in jedem einzelnen dieser kleinen Karos kristallisieren sich neue Begegnungen und die Dinge, die uns vertraut sind.

Meine Bilder sind die Ernte meiner Träume.[2]

Ausgehend von den Elementen des Wirklichen, schafft die Malerei eine andere Wirklichkeit, die sich unseren Augen darbietet, eine Wirklichkeit, die, wir wissen es, nicht nur abschildert (ist eine Kopie nicht immer weniger als die Wirklichkeit?), und rasch läßt der Künstler hinter sich, was nur die Spielerei eines Kindes gewesen ist. Am Anfang steht die Nachahmung von Formen und Farben, die auf einem Blatt Papier nach der Natur reproduziert werden: eine Tanne, ein Auto oder ein rauchender Schornstein, das Gebirge mit seinen weißen Gipfeln, oder der Menschenfresser, der hinter jedem Busch lauert. Einige Jahre später, wenn Zeichnung und Wort ihre Spontaneität verloren haben und den stereotypen Formeln der Erwachsenen zum Opfer gefallen sind, so wie die Briefmarkensammlung zur Philatelie wird und Wissen und Routine an die Stelle von instinktiver Nachahmung der Natur tritt, kommt ein erstes bewußtes Erleben des Daseins und der Dinge. Dann folgen Schule und Atelier. Jeder sagt, was er zu sagen hat oder was er gerne gelernt hätte, vielleicht sogar ungeschickt. Der Musiker, der Dichter, der Feldmesser drücken sich auf ihre Weise aus, und wir müssen voraussetzen, daß dies geschieht, um etwas Notwendiges mitzuteilen, sonst würden sie schweigen. Das Augenscheinliche braucht nicht erklärt zu werden, und nur in der Stille gewinnt das Wort Bedeutung, schwingen sich die Klänge der Musik empor. An diesem absoluten Maßstab

---

(1) Zitat aus dem Film *Hundertwassers Regentag* von Peter Schamoni, 1969.

(2) »Die Frucht des Traumes« oder »Die Ernte des Traumes«. Der Maler träumt, wenn er malt, und er erinnert sich nicht, wenn der Traum vorbei ist, dessen, was er geträumt hat. Aber das Bild bleibt, wie ein Feld, in das der Traum sich wie eine Saat gesenkt hat.

131 EUROPÄER DER SICH SEINEN
SCHNURRBART HÄLT, 1951
Aquarell auf Kreide auf grundiertem
Packpapier, 128 × 46 cm

17

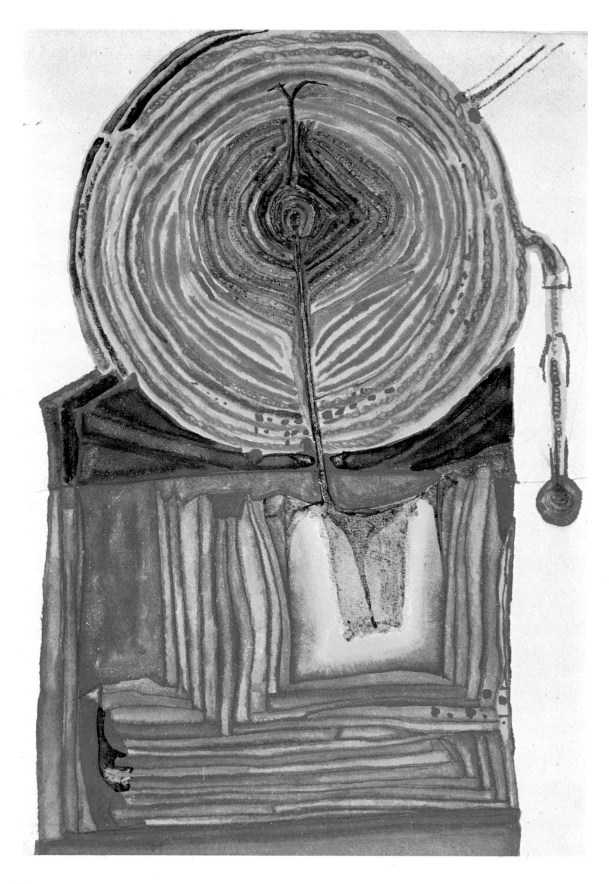

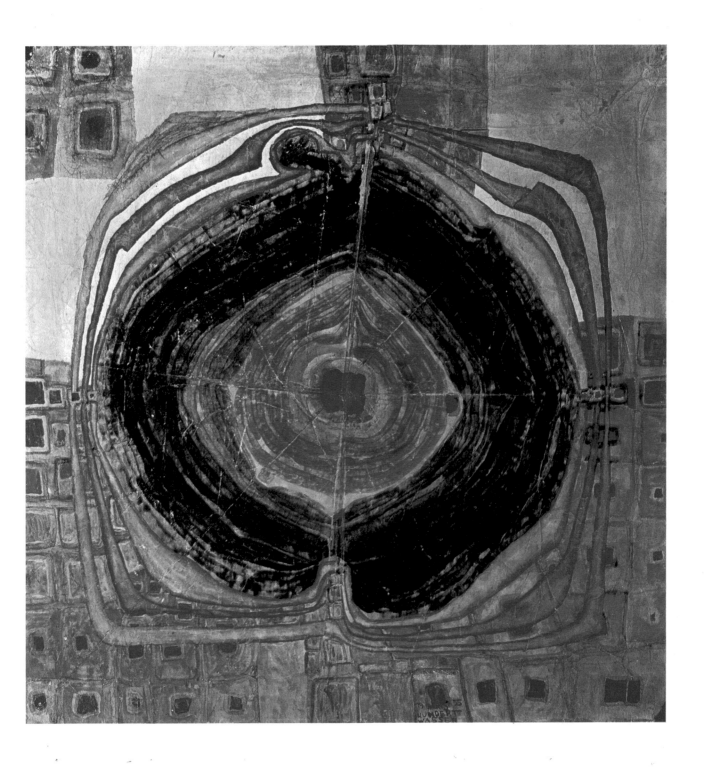

◁
(180) Dampfer und Strudel im
Garten, 1954
Aquarell auf grundiertem Packpapier
in Schneiderschnittform, 50 × 25 cm

(227) Ein Regentropfen der in die
Stadt fällt, 1955
Aquarell auf grundiertem, geknittertem
Packpapier mit Tintenstift, verblichen, 42 × 41 cm

⬦

226 DER REGEN IST STÄRKER
ALS DIE SONNE, 1955
Mischtechnik: Eitempera auf weiß
grundierter Leinwand mit
sichtbarer Naht, 100 × 125 cm

285 DIE VERKÜNDIGUNG DER FROHEN
BOTSCHAFT, 1956
Mischtechnik: Eitempera, Öl,
Goldfolie auf grundiertem
Papier auf Leinen, 64 × 75 cm

Und als mir widerglänzt' im Augenpaare
Die Weis und Größe des lebendgen Sternes,
Der droben siegt, wie er gesiegt hier unten,
Stieg eine Fackel in den Himmel nieder,
Gleich einer Kron, in Kreisesform gestaltet,
Die, jenen gürtend, um ihn her sich drehte.

Dante, Das Paradies, XXIII, 91-96
Deutsch von Philalethes

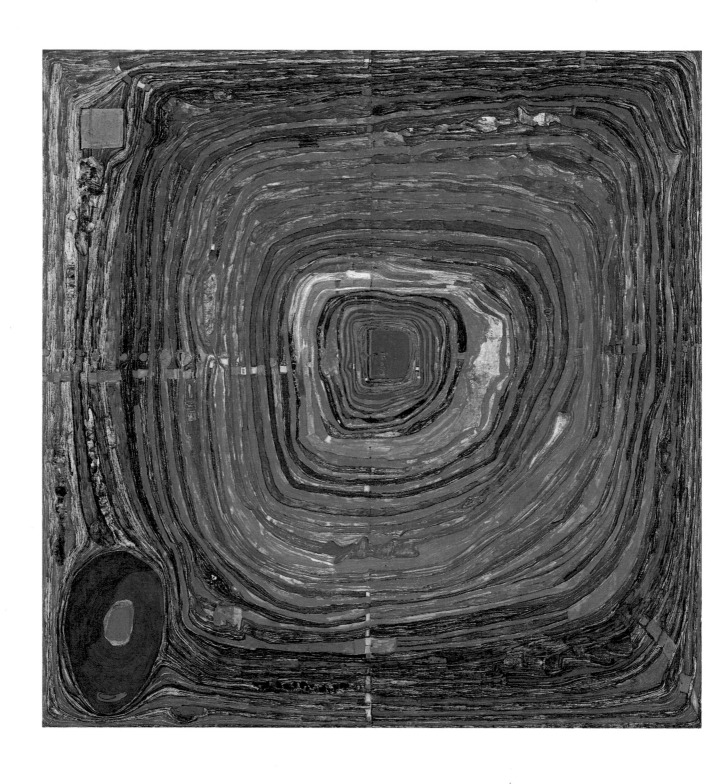

224 DER GROßE WEG, 1955
Vinavil auf zwei zusammengenähten Leinwandstreifen, weiß grundiert, 162 × 160 cm

messen wir das Geschwätz, die Attitude, den hohlen Wortschwall der Kunstsachverständigen, zu deren Handwerk das Klappern gehört und die damit ihr Geld machen müssen. Da ist auch noch die Torheit jener, die sich Meister dünken und die Welt mit ihren nichtssagenden, spießigen Metaphern eindecken.

Hundertwasser hat im Heranwachsen sehen und zeichnen gelernt, aber er hat nicht die Gabe zu spielen mit den Jahren verloren, weil er die Erkenntnis erlangte, daß die Kunst nicht ganz und gar Natur ist; die schöpferische Einbildungskraft ist mehr als die Mimesis im Tier- oder Pflanzenbereich darin, daß sie bewußt eine Bedeutung zum Ausdruck bringen will. Aber die Sicht Hundertwassers erscheint über all die Jahre hinweg wie die zu den Dingen zurückgekehrte Betrachtungsweise des Kindes. Hohe Begabung? Er hat es nicht nur verstanden, sein angeborenes Talent, Bilder zu malen, zu pflegen, sondern es ist ihm auch gelungen, dieses Talent in den Dienst eines künstlerischen Ausdrucks zu stellen, in aller Naivität. Weil Hundertwassers Inspiration den Regen empfangen hat, spricht sie in seinem Werk auf pfingstliche Weise in »Zungen«.[1] Sie bewirkt, daß seine Naivität keine Treibhauspflanze ist, oder schlimmer, die Maske der Jugend auf dem Gesicht des alten Schauspielers; sie wird nicht erworben, sie ist ihm gegeben. Was den großen barocken, dekadenten Zauberern so sehr gefehlt hat, ist das Wasser des Himmels, der reine Blick des Kindes.

DER KÜNSTLER HUNDERTWASSER

Vorrede 1: Der Tod in Wien. Am 15. Dezember 1928 wurde er unter dem Namen Friedrich Stowasser in Wien geboren. Europa verblutet. Österreich ist an Altersschwäche gestorben. Das Leben war teuer. Aufstände, brutal niedergeschlagen. Endloser Epilog einer alten Geschichte. Die Revolutionen der Völker haben die westliche Welt zerrissen. Neue Machthaber haben sich auf dem erschöpften Boden breitgemacht, das Geld, die industrielle Produktion, das Kapital. Die Ermordung des Erzherzogs Franz-Ferdinand 1914 in Sarajewo hat das Heilige Reich der Habsburger, schon unterhöhlt und altersschwach, endgültig untergehen lassen. Ganz Europa ist eine Feuersbrunst. Im Epizentrum dieses Bebens, dem Dreieck Wien-Prag-München, waren in den letzten Jahren des Niedergangs die Inventoren des 20. Jahrhunderts aufgetreten. Sie feierten den Tod des griechisch-römischen Okzidents mit grandiosem Leichenbegängnis, Wagner in Bayreuth und Gustav Mahler überflügelten die deutsche Romantik und proklamierten die totale Kunst und die moderne Tragödie; Nietzsche sucht den Menschen jenseits des Menschen, den Übermenschen: den neuen Messias. Die Menschheit verdankt ihre Wiedergeburt nun den rastlosen Erforschern des Menschen und seiner Träume, Freud und Kafka. Joyce geht nach Triest. Auch in Zürich und Berlin, rund herum um die Keimzelle Wien, gärt das Ferment sich widersprechender Zeichen; eine neue Formensprache, weil der Schlüssel der Wirklichkeit seine Bedeutung verloren hat, eine Formensprache, die sich in der Wiener Schule der Musik und von Malern wie Kandinsky oder Klimt, die eine radikale Neuerung des Sehens heraufgeführt hatten, entwickelt. Paris, wo die Revolution in der Malerei stattfand, wird zum Refugium für die vielen Künstler, die auf der Suche nach sich selbst sind. Eine gewisse Heiterkeit herrscht dort noch. Die Kubisten wissen sich zu vergnügen, Apollinaire treibt seine Scherze. Selbst in der Nachkriegszeit werden die Surrealisten, die ihre Eskapaden zur Methode erheben, den Boden gut französischer Lebensart nicht verlassen, wenn auch zu Beginn des Jahrhunderts die Belle Epoque mehr ein Kind, geboren aus den Todeszuckungen Gottes und noch mehr des Menschen, ist, aus der Verlassenheit, der Nacktheit, dem schlechten Gewissen, der allgemeinen Entwurzelung.

(1) Sprache als Verständigung, aber auch als Zungen, die in »fluidoiden« Formen auf eine große Zahl von Bildern herabregnen (als Tropfen, Tränen, Flammen, Schreie, Duftschwaden).

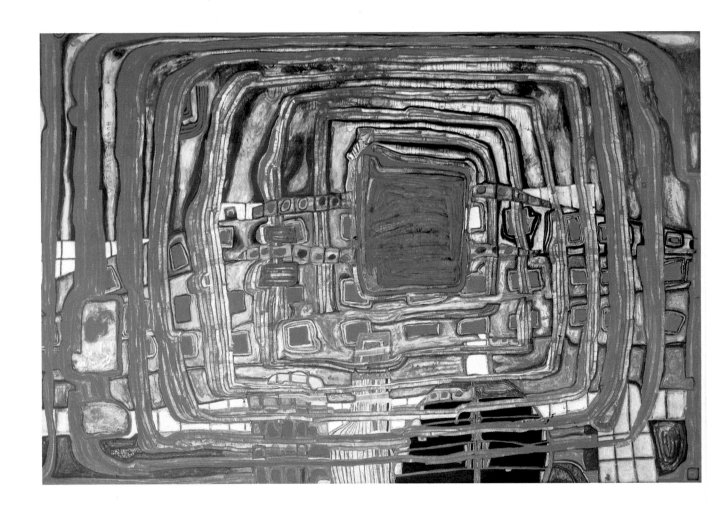

Ich lebe mein Leben in wachsenden Ringen,
die sich über die Dinge ziehn.
Ich werde den letzten vielleicht nicht vollbringen,
aber versuchen will ich ihn.
Ich kreise um Gott, um den uralten Turm,
und ich kreise jahrtausendelang;
und ich weiß noch nicht, bin ich ein Falke, ein Sturm
oder ein großer Gesang.

Rainer Maria Rilke
Das Stundenbuch

⟨433⟩ DAS ICH WEISS ES NOCH NICHT, 1960
Mischtechnik: Öl und Ei auf Packpapier
mit Kreide-Polyvinyl-Grund, 195 × 130 cm

477 DIE DREI NASEN-FLÜSSE, 1961
Mischtechnik: Aquarell, Ei, Öl, Reispapier mit CH³
auf Jute geklebt. Kreide-CH³- Grund, 46 × 53 cm

Das totalitäre Denken und die totalitären Systeme begannen sich zu vermehren und auszubreiten. Die Revolten innerhalb der Revolution, die sich in »Ismen« niederschlugen, der Fortschritt der Technik und der Maschinen, die rapide Vermehrung des Wissens machten den Menschen zum Sklaven neuer Bedürfnisse, neuer Probleme. Die Morgendämmerung des Jahrhunderts war nicht die eines Goldenen Zeitalters. Wie viele Verbrechen sind begangen worden im Namen der Einheit und des totalitären Konformismus! Es scheint, als lägen die untergegangenen Reiche in einer ewigen Agonie und als sei die moderne Welt schmerzende Erfahrung dieser Agonie, die der Mensch in sich selbst verspürt, gefangen in der Tiefe des Labyrinths seiner eigenen Freiheit, während er auf der aussichtslosen Suche nach Gewißheit ist.

Entwicklung 1928-1950. All das mußte Hundertwasser zu dem Zeugnis, das er ablegt, prädestinieren: der Struktur seiner Kompositionen, Labyrinthe, Strahlen oder Netze, Spinngewebe, organische Zellen. Und vor allem eines: er ist das Kind dieses Österreichs, das gestern noch in alter Herrlichkeit erstrahlte, 1920 zu einer Provinz wie jede beliebige andere wurde, bereit, sich dem Reich anzuschließen, bereit, abzudriften, und das sich 18 Jahre später plötzlich verdunkelte durch den Anschluß ans Reich, verschluckt vom Nationalsozialismus. Von Bedeutung ist aber auch, daß er Kind eines arischen Vaters und einer jüdischen Mutter ist. Eine ungewöhnliche Kindheit, in der der kleine Junge von der Mutter verhätschelt wurde, sollte dem Narzißmus, wie ihn die Romantiker gekannt hatten, den Weg ebnen. Durch den Tod des Vaters früh zur Halbwaise geworden, auf ungesunde Weise sich selbst überlassen wie der Fötus im Mutterleib. Die Spirale auf seinen Bildern hat durchaus etwas von der Nabelschnur, die ihn organisch wieder mit der Erde verbindet.

Durch die unterschiedliche Abstammung der Elternteile, die germanische und die slawische, erinnert der kleine Friedrich an die kränklichen, aber leidenschaftlichen Kinder der Romane Thomas Manns. Zudem zeichnet sich — im Lande Rilkes und des »Rosenkavaliers« — schon früh eine Neigung zu Dekadenz und Übersensibilität.

An den Stränden der Dalmatinischen Küste betrachtet ein kleiner Junge von fünf Jahren wunderbare Schiffe, die am Horizont vorbeigleiten, dort draußen in der diesigen Ferne. Er würde lieber bleiben und am Wasser spielen und Schiffe aus Sand bauen, aber er muß Eimer und Schaufel zurücklassen und in die große Stadt zurückkehren, in die Schule gehen und lange auf den Tag warten, da er entrinnen könnte, um das Meer und seine Boote wiederzusehen. Ist es nicht das Licht, das in der Kindheit leuchtet, das der Mensch sein Leben lang wieder zu entzünden sucht, dieses ewige Wasser, welches das Leben ausgetrocknet hat, das aber dennoch fließt — ganz sanft in den tiefen Runzeln unserer Jahre?

> Bevor ich zur Schule ging, hatte ich die Dampfschiffe auf dem Meer gesehen, deren Rauch senkrecht in die Höhe stieg, und ich wollte diese Schiffe malen, wenn ich einmal nicht mehr zur Schule gehen müßte.[1]

Der Donaukanal dicht beim Haus ist mit seinen stillen Ufern ein Ort zum Träumen. Das Kind macht auch mit seiner Mutter Spaziergänge in die Umgebung. Auf diesen Ausflügen in den Wienerwald zeichnet er bewußt nach der Natur, und er zeichnet mit Ernst die Landschaft, die er liebt, wieder und wieder mit seinen Buntstiften. Die Wege, die um den Hügel laufen oder den Flußlauf begleiten, und die Häuser mit ihren neugierigen Fenstern. Die gleichen Fenster, die mit ihren kräftigen Schlußsteinen an Küchenbrettchen oder an kleine Männchen erinnern, werden uns später auf Hundertwassers Bildern anblicken.

(1) *Erinnerungen*, S. 31; dazu eine Zeichnung von 1943 (JW17/KKX): Überfuhr zwischen Augarten und Brigitta-brücke.

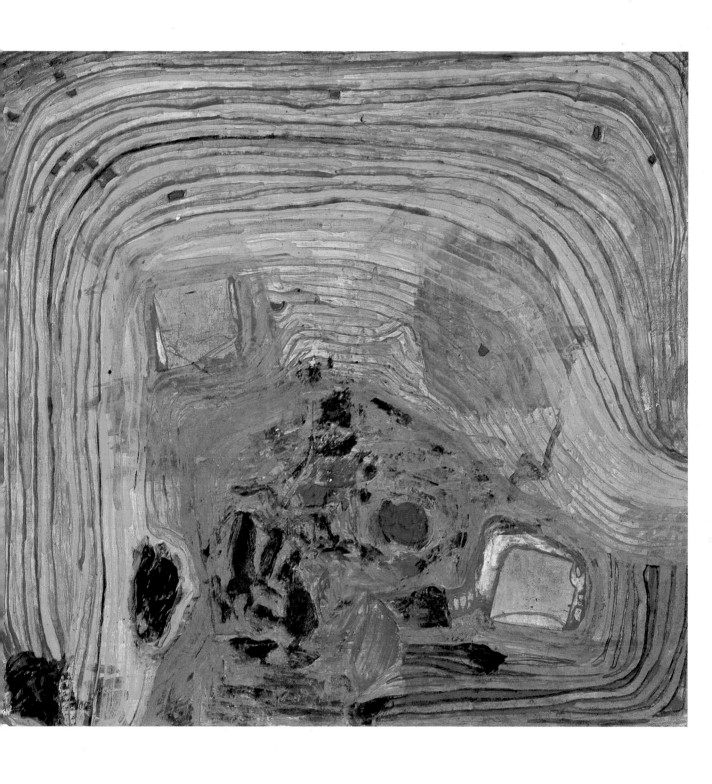

308 DIE GRÜNE GOLDVERDAUUNG DER KUH, 1957
Mischtechnik: Eitempera, Kasein, Goldfolie auf grundiertem Leinen. Wachs, 57 × 62 cm

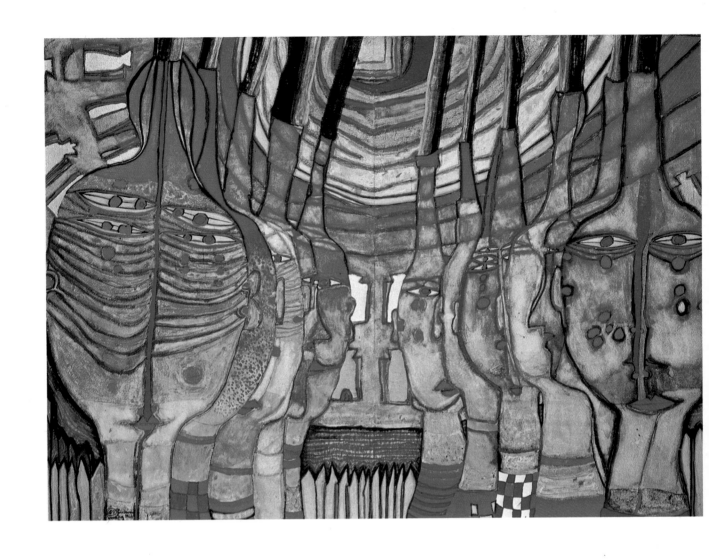

608 DAS ENDE DER GRIECHEN
OST- UND WESTGOTEN, 1964
Mischtechnik: Aquarell, Polyvinyl-Grund
Zeichenpapier auf Hanf mit Polyvinyl
geklebt. Stellenweise mit Aquarell
Polyvinyl und Öl übermalt, 49 × 68 cm

▷

615 MAISON NÉE À STOCKHOLM
MORTE À PARIS UND DIE BEWEINUNG
MEINER SELBST, 1965-1966
Mischtechnik: Aquarell auf Zeichenpapier
grundiert mit Vinylkreide, mit Vinyl-Cellulose
auf Hanf geklebt, beendet mit Polyvinyl
Aquarell, Öl, 81 × 60 cm

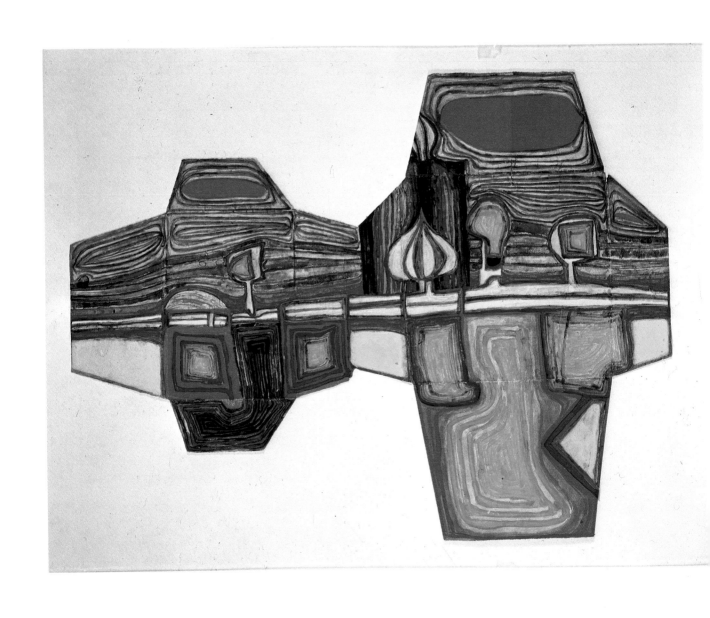

583 ᴢᴡᴇɪ Kᴜᴠᴇʀᴛs ᴀᴜꜰ ʟᴀɴɢᴇʀ Rᴇɪsᴇ, 1963-1964
Aquarell, Kreide-Polyvinyl-Grund auf zwei aneinandergeklebten Kuverts aus Zeichenpapier
Größte Ausdehnung der unregelmäßigen Form, 37,5 × 49,5 cm

Der Blick des Kindes wird geprägt bleiben durch Wien mit seinen Palais, düster, aber geschmückt mit Portalen, Treppenhäusern und barocken Giebeln, das Wien der Kirchen mit den wie vom Sturm bewegten Deckenmalereien und ihren gedrehten Säulen, wie jenen der Karlskirche. An der Montessori-Schule, die er besucht, bemerkt man seinen frühreifen Formen- und Farbsinn. Wien bedeutet jedoch auch böse Erfahrungen. Das Kind wird am Gymnasium seiner jüdischen Herkunft wegen abgewiesen, gleichzeitig ist es aber gut für die Hitlerjugend. Und was sich damals wie ein schrecklicher Alptraum auf ihn senkte: 69 Mitglieder der Familie seiner Mutter werden deportiert und umgebracht. Es läßt sich nicht mehr gut leben draußen; das Kind sammelt zurückgezogen Blumen und Briefmarken, schafft sich seinen Vorrat an Traum- und Reisebildern und wartet auf bessere Tage.

1945. Die Rote Armee marschiert in die Stadt ein. Eine Woche lang hört das Kind im Luftschutzkeller das Knattern der Maschinengewehre und Schnellfeuerwaffen. Auch dieser angstauslösende Rhythmus drückte seinen späteren Bildern seinen Stempel auf, führte ihm unbewußt den Pinsel und gliederte die Bildfläche mit Inseln der Ruhe und Ketten von Schreien. Nach dem Krieg bietet das zertrümmerte Wien das Bild einer Vorstadt, mit seiner grauen Naziarchitektur, wo sich die Leute verbergen, sich ängstlich verstecken, sich in Konformismus verlieren. Wien des »Dritten Mannes«, das die Sieger unter sich aufteilen. Der Duft aus der Konditorei erhebt das Herz. Das Rad dreht sich wieder. Hundertwasser wird von seiner Stadt auf andere Weise zu profitieren wissen. Herbert Böckl, Professor an der Akademie der Schönen Künste, der einige seiner Aquarelle gesehen hat, überzeugt Frau Stowasser vom Talent ihres Sohnes: er muß Maler werden. 1948, als er mit einiger Verspätung, die dem Krieg zuzuschreiben ist, sein Abitur macht, sollen zwei bedeutende Ausstellungen seine eigene Auffassung der Malerei klären helfen — die der Werke von Schiele und Klimt, zu deren dreißigstem Todestag. Bilder voller Dramatik, das verschnörkelte, rankende Lineament, ihr dekorativer Charakter werden von Bedeutung für den jungen Mann. Hundertwasser fühlt eine tiefe Verwandtschaft zu diesen beiden Meistern der Erneuerung der Kunst in Österreich. Nur ein Trimester bleibt er an der Akademie der Schönen Künste. Trotzdem zeigen die wenigen Aktzeichnungen dieser kurzen Periode einen sicheren, pointierten Strich, ähnlich dem Schieles. Bald sollte er, den Launen seines Temperaments folgend, autodidaktisch arbeiten, ohne sich jedoch zu verzetteln. Er verfügt bereits über Originalität und konsequent geht er seinen Weg. Wie viele junge Leute es zwanzig Jahre später tun werden, reist Hundertwasser per Autostop nach Italien, der Toscana. Das ist im Sommer 1949. Begegnungen mit der klassischen Kunst, zweifellos, vor allem mit den Fresken Giottos, aber auch mit kleinen Keramikfliesen, Wäsche, die quer über die Gassen zum Trocknen aufgehängt ist, Gardinen und Schnurvorhänge vor den Türen der Trattorien. In Florenz macht er die Bekanntschaft des jungen französischen Malers René Brô. Zusammen mit anderen Gefährten brechen sie gen Süden, nach Sizilien, auf.

Vorrede 2: Das Ende von Paris. Dann geht er nach Paris, das für ihn zum Schicksal wird. Er nennt sich nun »Hundertwasser«, indem er die Silbe »Sto« in »hundert« umwandelt. [1] Hier wird er sein Werk an den verschiedensten Kunstrichtungen messen und folglich seine Selbstbestätigung finden, aber er wird, auf diesem Jahrmarkt der Künste, auch seine Eigenständigkeit bewahren müssen, will er sich nicht selbst verlieren. Diese Eigenständigkeit will bezahlt sein, aber letztlich ist das ein Tribut, der dem Werk zugute kommt. Paris bricht den Stab oder es gibt seinen Segen, und keiner, der sich zum Malen berufen fühlt, entgeht dieser Feuerprobe. Das Paris des

---

(1) Hundertwasser präzisiert: »Im Winter 1949-50 kam ich auf den Namen ›Hundertwasser‹, als ich nach dem Buch von Nina Potapova russisch lernte. Ich sah, daß STO (CTO) ›EIN-HUNDERT‹ bedeutet. In Wirklichkeit kommt STO von STAUWASSER. In Tirol heißt es: BLEIB STO, bleib stehen. Denn es gibt keinen halb slawischen, halb deutschen Namen! Entweder ganz deutsch oder ganz slawisch! Aber 1949 wußte ich das nicht. Nur nach meiner Rückkehr aus Italien mit Brô habe ich den Namen Hundertwasser angenommen. Während der Reise durch die Toscana und Sizilien war ich noch Stowasser«.

616 DAS AUGE UND DER BART
GOTTES, 1965
Aquarell, beendet mit Aquarell
und Öl, 73 × 50 cm

620 CONTRETEMPS II BERLIN, 1965
Mischtechnik: Polyvinyl-Azetat, zerriebener
Ziegel, Öl, Polyvinyl-Kreidegrundiertes Papier
mit Polyvinyl auf Hanf geklebt, 46 × 55 cm

Montparnasse der Vorkriegszeit hat das Air des Bodenständig-Volkstümlichen verloren, es ist 1950 zum Zentrum der Avantgarde geworden, die sich für den Mittelpunkt der Welt hält: die Schule von Paris. Was ist heute, dreißig Jahre später, geblieben von dem Wettstreit der Galerien, den Artikeln von Charles Estienne im »Combat«, der Geltung des »Salon de Mai«?

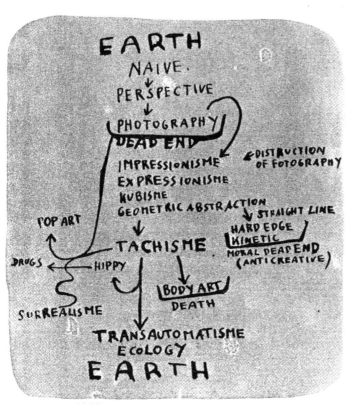

Schema by Hundertwasser

Es war die Zeit, da die abstrakte Kunst engültig ins Bewußtsein der Öffentlichkeit gedrungen war. Aber die künstlerische Avantgarde schuf Konfrontationen der verschiedenen Richtungen: Lyrische Abstraktion (die mit einer Bezeichnung belegt wurde, die genauso abwertend war wie der Name »Impressionismus« in dessen Anfängen: Tachismus) oder, auf der anderen Seite, die Kunst des Kreises, der Diagonalen, der geraden Linie: die geometrische Abstraktion. Diese Partisanen der Kunst haben ihre Galerien und ihre Bandenführer. Michel Tapié, Vertreter der »Art Informel«, ist der Theoretiker einer anderen Kunst als der, die der Geste expressiven und bildlichen Wert verleiht. In diesem Schmelztiegel Paris, wo die Gegensätze aufeinandertrafen, wo der Sauerteig neuer Formen gärte, brandete die Woge des amerikanischen Action Painting und deckte mehr und mehr Land zu. Gegen diese Offensive behauptete sich die École de Paris wie die letzte Bastion europäischer Kultur — nie waren die Galerien so aktiv gewesen, die jetzt an allen Fronten die abstrakte französische Kunst verteidigen und sie absegnen.

Hundertwasser findet sich selbst: 1950-1960. Hundertwasser, der die Entwicklung in der Malerei mit gebremster Faszination verfolgte, verbrannte sich nicht seine Flügel im Taumel der Vernissagen und im Gerangel der Cliquen. Beschleunigten diese vielleicht sogar den Niedergang? Ein Jahrzehnt später hat Paris aufgehört, die Kunstmetropole zu sein. Das Gravitationszentrum der Kunst hat sich verschoben und das Erlöschen der Atelierdynastien oder deren Umkrempelung durch Splittergruppen bezeichnen den Niedergang der École de Paris und mit ihr die Wertmaßstäbe in der bildenden Kunst, die die Ereignisse in der Welt zuerst unter der Last der Widersprüche zum Straucheln und dann zu Fall gebracht hatten. Viele Maler in jenen tumulthaften Jahren schlossen sich einer unproblematischen Tradition an und erschienen nun als brave Schüler berühmterer Vorläufer: Bracque, Matisse oder Bonnard. Hundertwasser lenkte sein Schiff unbeirrt und folgte seinem Stern, der nie unterging. An der École des Beaux-Arts von Paris hat er nur einen einzigen Vormittag verbracht. Was hätte er dort auch lernen können? Wenn ihm auch einige Illusionen über den akademischen Lehrbetrieb erhalten blieben, so widersagte er doch endgültig der Versuchung und der Gefälligkeit einer akademischen Kunst. Er liefert in jeder Hinsicht den Beweis, daß er in

36

622 DER NASENBOHRER UND
DIE BEWEINUNG EGON SCHIELES, 1965
Mischtechnik: Polyvinyl-Azetat, Aquarell
Öl auf Polyvinyl-Kreidegrund auf
Papier, dieses mit Polyvinyl
auf Jute geklebt, 116 × 73 cm

621 CONTRETEMPS III -
SILBERGESICHT, 1965
Aquarell auf Polyvinyl-Kreidegrund
mit Suchard Schokoladepapier, 34 × 56 cm

617 Spiralkopf, 1965
Mischtechnik: Polyvinyl-Azetat, Öl und Ei auf Polyvinyl-Kreidegrund auf Zeichenpapier
auf Jute geklebt mit Polyvinyl, 92 × 73 cm

der Lage ist, ein Modell nach den Regeln der Kunst zu zeichnen. [1] Das genügte, ihm die Gewißheit zu geben — wenn er deren noch bedurft hätte. Die Quellen, aus denen er schöpft, sind anderswo. Hundertwasser verfügt bereits über ein eigenes Repertoire von Bildern und Formen: die Bäume von Glas, deren durchsichtige Blätter wie Seelen sind, die miteinander verschmelzen (er hatte dieses Thema von dem Maler Walter Kampmann entlehnt), oder die mandel- und fischförmigen Augen zum Beispiel. Seine Malerei ist analytisch, naiv, aber sie weiß um ihre Naivität. Trotz der augenscheinlichen Freizügigkeit der Komposition steht doch jedes Element an seinem Ort. Der erwachsene Mann hat den Tiefblick des Kindes und dessen Einsicht noch nicht eingeholt. Die Bildwelt Hundertwassers beschwört bereits das Paradies, aber im Moment ist sie noch erfüllt von Häusern, Bäumen und Figuren, die glückliche Menschen darstellen.

REISEN

Reise nach Marokko. 1951 bricht er nach Marokko auf, wo er lange bleibt, um möglichst nahe der heißen Erde des Landes zu leben, gekleidet mit dem Djellabah, hingegeben dem eindringlichen Gemurmel der arabischen Laute, deren Klang in ihm stets denselben Schaffensrhythmus auslöste, bei dem Hand und Pinsel wie von selbst agieren. Das gespaltene Bewußtsein ließ sich jedoch nur zur Hälfte beruhigen. Gleichwohl beflügeln die psalmodierenden Rufe des Muezzin die Gedanken. Wie Klee nach seinem Aufenthalt in Nordafrika ist Hundertwasser hingerissen von der Symbolkraft der Arabesken, des Gewirrs von Köpfen und Linien, jener Formen, die weder Anfang noch Ende zu haben scheinen, des Zusammenspiels von türkisfarbenem Grund und Lineament und vor allem von der Leuchtkraft der türkis- und lapislazulifarbenen Mosaiken der Moscheen, der Ockertöne im Sonnenlicht. In jenen Jahren war es nicht gerade ratsam, sich als Eingeborener auszugeben: man dürfte dies wohl als einen schlechten Scherz aufgefaßt haben. Hundertwasser wird von den Behörden des Landes verwiesen. Von nun an wird er nicht aufhören zu reisen: nach Tunis, Paris, Wien, Rom und Mailand.

Im Milieu der Galerien von Saint-Germain des Prés erweckt Hundertwasser Neugier. Er lebt von der Luft, die er atmet, und vom Staub der Straßen. Trotz der Armut fühlt er sich reich und sein Gesicht und seine Malerei tragen die Farben der Freiheit und des Lebensglücks. Schon seine Kleidung ist ein Gemälde: mit den gestreiften Hosen, der verbeulten Mütze, den mit Bindfaden verschnürten Sandalen hat er etwas von einem Hirten, einem Kosaken oder einem Korsaren. Die Aufmachung ist für ihn zweifellos genauso wichtig wie für jeden anderen schöpferischen Menschen. Der erdverbundene Bauernkittel ist mehr als nur Kleidungsstück, das seinen Körper bedeckt. Er ist Schmuck, Haut über der Haut, in der sich eine bestimmte Haltung abzeichnet. [2]

Aus Marokko hat er in seinen Kartons ein Bündel Bilder und Vignetten mitgebracht, die er jetzt zum Leben erwecken sollte — Figuren, rund und poetisch, eingeschrieben in die Quadrate eines Schachbretts wie jene in den Zeichnungen Klees. Der Tachismus interpretiert dann den tieferen Sinn der Linienführung in Hundertwassers Bildern. In gleicher Weise, wie der Bleistift auf dem Blatt Papier Linien zieht, zögert und umkehrt, scheinbar zufällig, aber doch ganz organisch gemäß einem eingeborenen Gesetz, drückt sich eine innere, gedankliche Spannung im Duktus des Lineaments während des schöpferischen Aktes aus. Bewegung wird integriert, oder genauer: sie

(1) »Ich habe einen Akt bei Brianchon gemacht, der mir sagte, ich könne an der Schule nichts lernen... Da waren etwa zehn Bewerber, von denen einer ein Schwarzer war.« (Hundertwasser)
(2) »Ich habe auch, bunt wie ein Flickenteppich, meine Kleider selbst hergestellt, denn ich wollte demonstrieren, wie man ohne Geld leben kann. Hosen mit Nähten auch außen, Schuhwerk aus Kaninchenfell, alles im Abfall gefunden.« (Hundertwasser)

integriert das, was bereits als Bild vorlag — Arabesken, Figurinen, exotische Farben, Sonnenstreifen. Der Tachismus erlaubt es Hundertwasser, die schlichte Schönheit der Welt auf natürliche Weise auszudrücken und seinen fast barock bewegten Kompositionen auch eine innere Schwingung zu verleihen, aber auch der Versuchung zu widerstehen, ins rein Dekorative abzugleiten, sich ihm zu nähern, ohne sich von ihm gefangennehmen zu lassen.

Fluidoides und Spirale. Seit 1953 gruppieren sich Bildelemente um Linear-Abstraktes und um zellähnliche Strukturen (»fluidoides«). Hundertwasser hat sich sein Werkzeug gemacht, um »eine Form zu schaffen und die Zeichen um uns herum und in uns zu interpretieren«. Hierbei handelt es sich um einen Vorgang, der viel mehr auf das Wesentliche abzielt als eine abstrakte Schematisierung.

Der Maler vertiefte seine Tätigkeit durch Reflexion. Im Rahmen seiner ersten persönlichen Ausstellung im Art-Club in Wien im Jahre 1952 veröffentlicht er ein Manifest, das den Anfang seiner theoretischen Auseinandersetzung mit der Malerei und der Gesellschaft bildet. Besonders intensiv denkt er während eines Aufenthalts im Hospiz von Santo Spirito in Rom, wo er eine Gelbsucht ausheilt, über die Bedeutung des Malens und über die Betrachtung der Malerei nach, und er macht sich daran, seinen Werkkatalog anzulegen, der akribisch Zeugnis von seiner Tätigkeit ablegt. Hundertwasser kümmert sich nicht um Mode. Er läßt sich nicht durch die Frage beunruhigen, ob die Zeichen, die er einträgt, irgendwo ein Echo finden. Die Tropfen auf dem Tisch sind sorgfältig, einer nach dem anderen, gemalt, sind Tränen, silbern oder karminrot; sie haben nichts mit den Farbklecksen des Tachismus à la mode zu tun, sondern die Ausdrucksmittel — runde Formen, Dreiecke — gehen immer auf die ihnen selbst innewohnende Idee zurück. Fließendes und Lineares, alles war eine Art kritischer Tachismus, ein abstruses Lineament, das nicht bloße Dekoration, sondern mit Bedeutung erfüllt war: die Oberfläche der Erde ist gerillt, durchfurcht von Linien, die einander annähern, ohne sich zu verbinden, ohne sich zu verflechten; sie bilden Mäander, umreißen Gegenstände, die die einzigen Ankerplätze im Bild darstellen — Steine auf der Wiese, Inseln im Meer, Flecke, die die Weite unterbrechen, Blumen oder Gestirne, platzende Blasen, Schreie, die durch den Raum gellen.

Die Spirale. 1953 taucht eine neue Figur inmitten der fluidoiden Formensprache auf. Hundertwasser hatte in Wien den Film »Bilder des Wahnsinns« gesehen, eine Reportage über die künstlerischen Äußerungen Schizophrener. Ein Detail nahm ihn besonders gefangen, weil es seine eigenen Ideen berührt: die Spirale. Ihre wesentliche Bedeutung wird dem Maler bewußt, sie rettet ihn aus dem Strudel Paris und läßt ihn sicher die Klippen der neuen Kunstrichtungen umfahren. In Opposition gegen die französische Tradition des Rationalismus und der reinen geometrischen Form orientiert er sich an einer anderen Kunst auf tachistischer Grundlage: er bewundert die großen Neuerer, Maler wie Dubuffet, und vor allen Pollock, Wols, Arnulf Rainer. Er beschäftigt sich mit der ethischen Kunst eines Julien Avard, der dem extremen Tachismus huldigt und jede klar definierte Form verwirft. Aber er bleibt dem Leben der Gegenwart und seiner Nachahmung in der Malerei zu sehr verhaftet — wie die Kinder beim Spiel —, um in einer völlig »gegenstandslosen« Kunst aufzugehen. »Fluidoid« will nicht so viel wie etwa »verflüssigt« heißen, sondern es steht für die Bewegung organischer Zellen. Andere Maler sind verwegener gewesen als Hundertwasser, haben vielleicht mehr gewagt. Sie aber haben sich selbst zersplittert, oder sie sind heute einfach verstummt. Einige jedoch stellten ihre Kunst auf den Boden der Tradition, unbeirrt durch Modeströmungen, jedoch ohne sie zu ignorieren, und ungeachtet der Feindseligkeiten, die sie zu erdulden hatte. Hundertwasser ist einer von ihnen.

Der radikale Automatismus des Tachismus ist letzten Endes eine Sackgasse. Paradoxerweise erleidet er denselben Tod wie die kalte, rein abstrakte Linie der geometrischen Maler. Er stirbt den Tod des Ketzers, weil der Mensch, auf der Suche nach den Spuren Gottes, im Spiegelbild nur seine eigene Nichtigkeit findet. Die pflanzliche, die kosmische Spirale kreist wie eine Wendeltreppe in einem Turm in kontinuierlicher Bewegung, die den Menschen vom Leben zum Leben führt. Die einsamen Gehöfte, die Erde, den leblosen Ton zum Leben erweckend, ist sie essentielles Zeichen des Lebens überhaupt.

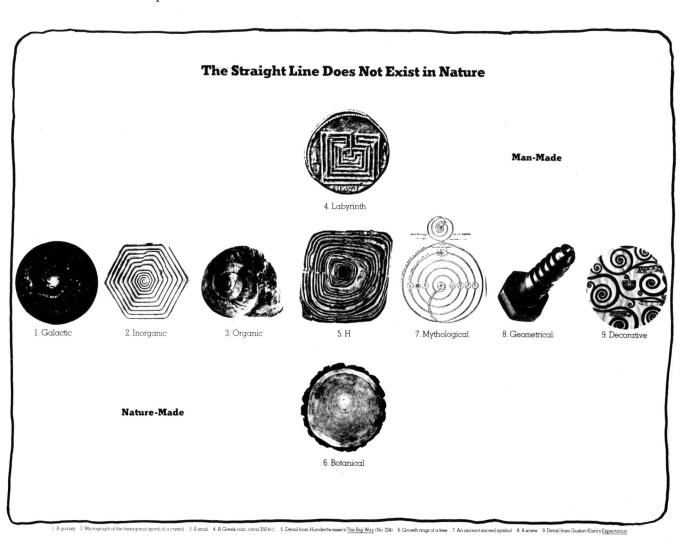

The Straight Line Does Not Exist in Nature

4. Labyrinth

Man-Made

1. Galactic   2. Inorganic   3. Organic   5. H   7. Mythological   8. Geometrical   9. Decorative

Nature-Made

6. Botanical

1. A galaxy   2. Micrograph of the hexagonal spiral of a crystal   3. A snail   4. A Greek coin, circa 350 B.C.   5. Detail from Hundertwasser's The Big Way (No. 224)   6. Growth rings of a tree   7. An ancient sacred symbol   8. A screw   9. Detail from Gustav Klimt's Expectation

Die geheimnisvolle Ausstrahlung von dahindämmerndem Leben, die vom *Garten der glücklichen Toten* ((170), s. vorderen Umschlag) ausgeht, kommt zustande durch eine wiederholte spiralförmige Bewegung, die jeweils in sich selbst ruht; jedes kleine Feld enthält eine Spirale, ein Gesicht oder winzige Fensterchen; manche Felder bleiben frei, aber sie scheinen in ihrer lebhaften Farbigkeit — rot, violett, weiß (Weiß ist für Hundertwasser eine Farbe) zu vibrieren inmitten von Laubwerk und Furchen: du kannst an diesem Ort wohnen. Erwartung und Einladung bedeuten die Farbfelder, die sich in der Mitte der Spiralen vereinen. Dieser Garten der Gärten läßt uns keine Ruhe, wie ein Paradies der Kindheit, eine keltische Insel, auf der die Toten begraben sind, von riesigen schützenden Steinen zugedeckt, antike Stadt mit ihrer Mauer und ihren befestigten Stadttoren, von den Wogen verschlungen am Grunde des Meeres, oder wie die Arme des Styx, die die Schatten der

(1) Aus: Restany, *Happy Hundertwasser*, Ballantine, New York, 1977.

43

Verstorbenen umfangen, die in uns weiterleben. Das ist eine Malerei, die weder figurativ ist noch abstrakt, noch konstruktivistisch: es ist eine magische Malerei, lebendig wie ein Kopf (Erde und Gesicht haben bei Hundertwasser eine vergleichbare Physiognomie), stark wie ein Gregorianischer Gesang. Diese Ikone erglänzt im Feuer von tausend Edelsteinen, von Gold und Rubin. Ein prächtiges »Gänsespiel«.[1] Wir haben alle ein Himmel- und Höllespiel, das uns aus der Hölle ins Paradies geleitet. Die Spirale veranschaulicht bildhaft den Zyklus von Tod und ewiger Wiedergeburt, das Atmen des Menschen und das Wachstum der Pflanzen.

Bukolisch und als in seiner Linienführung sichtbares Zeichen der langsam sich vollziehenden Lebensvorgänge gibt sich *Die grüne Goldverdauung der Kuh* (308, s. S. 29). Weide der Normandie, Pansen der Kuh, goldfarbene Flecke um einen Wirbel gruppiert und Brandung des Meeres unter der Brise. Wieder einmal überlagern sich die Bilder, nicht im Sinne einer gedanklich-logischen Folgerung, sondern wie die Entfaltung einer Knospe, die durch das Bild selbst ausgelöst wird, welches gleichsam aus eigener Empfindsamkeit den Grundton Grün in immer reichere, das Auge berauschende Harmonien auffächert, Oktav um Oktav, Windung um Windung. Die Reproduktion verschweigt allerdings nicht nur die Größe eines Bildes, sondern auch seine Machart, seinen materiellen Charakter. Die gleichsam kunsthandwerklichen Vorbereitungen sind für Hundertwasser genauso wichtig wie der Akt des Malens selbst. Der schöpferische Prozeß nimmt seinen Anfang beim Aufziehen der Leinwand, beim Grundieren mit Bleiweiß, dem Montieren auf Sperrholz oder Sackleinen. Alles Malmaterial hat teil an dem Nährboden, auf dem sich die Farbzellen wie Bakterien entwickeln werden: das Terpentin zum Auflösen der Farben, Öl, Eiweiß, Bienenwachs, Firnis oder Lack. Die pulverisierten Pigmente von Zinnober oder Gold, zerstampfte Ziegel, Kohle oder sogar Stücke aus Termitenhügeln, die er aus Uganda für die Herstellung seiner Erdtöne mitgebracht hat — alles fügt sich in die Bewegung, die sich zunächst am Bildrand entlangtastet, um dann den Lauf der großen Spirale zu vollenden. Diese gleichsam persönliche Alchimie der Bilder kommt in diesem Buch, wie gesagt, nicht zur Geltung. Man kann jedoch wie auf einer Landkarte die Reise verfolgen, und jede Seite, die man umschlägt, stellt, wie bei einer Faltkarte, den Teil eines Ganzen dar.

Der große Weg (244, s. S. 24) braucht keine kleinen weißen Kieselsteine. Die Spirale geleitet uns reibungslos sicheren Schritts, ohne Hast; der Wanderer, der den Krümmungen des Hügels folgt, braucht keinen Kompaß, denn der Weg geleitet ihn sicher. Am Rand des Teiches hält er inne. Auf dem Grunde des Gewässers träumt der Schutzgeist der Spirale. Deshalb strahlt die Oberfläche goldene Flecken ab.

THEORIEN

Analphabetentum. Aber der Schlamm verklebt uns die Augen. Eine Malerei, die sich so universell gibt, ohne jeglichen Bezug zu irgendeiner Schule oder einer Nation, bleibt unbemerkt in einer Gesellschaft mit blinden Fenstern. Zweifellos ist die Bildung zum Hauptanliegen der modernen Gesellschaft geworden und zugleich zu ihrem moralischen Alibi. Trotzdem ist der Mensch mit einem Analphabetentum geschlagen, das Schlimmeres bedeutet als nur das Nichtkennen von Buchstaben. Der Mensch ist nicht mehr in der Lage zu sehen — ein Hohn für eine Zivilisation, die fast nur noch über das Bild miteinander kommuniziert. Das Sehen wird uns jedoch zu einfach gemacht, die Bilder sprechen eine so unmittelbare, spontan verständliche Sprache, daß unser Blick, von Zeichen und Farbsignalen ertränkt, stumpf wird. Niemand hält seine Augen mehr offen. Schuld an diesem wahren Völkermord ist die Erziehung, denn sie informiert lediglich und zerstört dabei das Kostbarste, was der Mensch besitzt: die Fähigkeit zu sehen, und das heißt: schöpferisch sein. Man übernimmt ein paar Ideen aus der Vergangenheit, einige Phrasen und Verhaltensmuster, kapselt sich ab, geht

(1) Populäres Brettspiel (Anmerkung des Übersetzers).

DER WEG IN DER SONNE UND IM SCHATTEN DER SEELE
DES ÜBERLEBENDEN LASZLO XXVI, 1959
Mischtechnik: Aquarell und Öl auf grundiertem Packpapier, mit Polyvinyl
auf Hanf geklebt. Weiße Tusche, 22 × 16 cm

WINTERGEIST - WINTERBILD - POLYP, 1966
Mischtechnik: Aquarell, Eitempera und Polyvinyl auf grundiertem Papier
auf Hanf geklebt, aufgezogen auf Leinen, 92 × 60 cm

Mischtechnik: Aquarell, Polyvinyl, Ei, Öl auf Kreide, Zinkweiß, Polyvinyl-Grund auf Papier
aufgezogen auf Hanf mit Polyvinyl und Zellulosenleim, 65 × 54 cm

⟨623⟩ DIE WAAGRECHTEN UND SENKRECHTEN TRÄNEN
DES GESICHTES AUF DAS DIE SONNE UND DER SCHATTEN FÄLLT, 1965-1966
Mischtechnik: Aquarell, Ei, Polyvinyl und Öl
Auf Zeichenpapier, auf Jute mit Polyvinyl und Zellulose geklebt, 65 × 92 cm

unter und verliert sich in der uniformen farblosen Kultur, in der alles neutral, alles gleichgeschaltet ist. Die Unterschiede zu sehen, schon das bedeutet schöpferisch sein. Duchamp sagte: »Die Betrachter machen die Kunst.« Dies ist tatsächlich die erste Stufe der Kunst, denn mitten im Chaos empfangen wir Zeichen. Sie zu ignorieren, heißt die Wahrheit zurückweisen. Hundertwasser erklärt:

> Wir zehren an längst verwesten Erkenntnissen. Wir zertreten das letzte sich aufbäumende wahre, ursprüngliche und mannigfaltige Leben in unseren Kindern und in uns selbst erst durch das Gift unseres Erziehungssystems, dann durch Gleichschaltung. Unser Erziehungssystem ist planmäßige Abtötung.[1]

Dem Wiener Kritiker Jörg Lampe, der ihn bezichtigt zu bluffen, antwortet er einige Monate später:

> Ich habe mir vorgenommen, den Menschen aufmerksam zu machen, daß er seine freie Gestaltungsfähigkeit, sein individuelles Ich, seine Verantwortung dem Ganzen gegenüber und die Zuversicht auf seine persönlichen gottähnlichen Möglichkeiten verloren hat und daß er all dies wiederzugewinnen hat, wenn sein Leben wieder sinnvoll werden soll.[2]

Solche Worte wären blanke Arroganz, wenn Hundertwasser sich seinen Forderungen nicht ganz und gar selbst unterwürfe. Weshalb schreiben Konventionen dem unendlichen Raum ein Oben und Unten, ein Rechts und Links vor? Konsequent beginnt Hundertwasser zu malen, indem er die Leinwand flach auf den Tisch legt; er malt Bilder, deren Begrenzung, deren Bildausschnitt gleichsam zufällig, an der Komposition unbeteiligt sind (das Aquarell (583), s. S. 32, ist auf zwei auseinandergefaltete Umschläge gemalt). Die Bilder können folgerichtig gleichermaßen von allen Seiten betrachtet werden. Die folgenden Worte haben einen fast prophetischen Klang:

> Wenn der Regen rote Tropfen fallen ließe und der Maler oder der Mensch würde, Feierlichkeit im Herzen, hinauslaufen, ein weißes Papier ausbreiten und mit eigenen Ohren dem Rhythmus der fallenden Tropfen lauschen und mit eigenen Augen Zeuge des obersten Gesetzes werden?[3]

Tachistenbluff? Mehr als fünfzehn Jahre danach, als er bei einer Demonstration gegen die rationelle sterile Architektur in Wien, nackt vor seinem Publikum stehend, ein mit roter Tinte gefülltes Ei an die Decke wirft, wo es zerplatzt, fällt der Regen in roten Tränen zu Boden, so wie er auf manch einer Leinwand fällt, wie tote Blätter, die zu Boden fallen, um ihn zu nähren und fruchtbar zu machen.

Transautomatismus. Den Transautomatismus kann man als eine Schule des Sehens begreifen und als Reflexion, zu deren Gegenstand Hundertwasser die Malerei machte.[4] In einer Art Manifest erklärt er zunächst die gerade Linie für gottlos und unmoralisch. Der menschliche Geist sucht zwar mittels der Geometrie die Natur zu erfassen, er liest sie sozusagen in die Natur hinein, aber sie existiert selbst nicht in der Natur. Die Welt in geraden Linien zu begreifen, wie in schnurgeraden

(1) Ausstellungstext Art-Club Wien, 1952. Zitiert nach dem Ausstellungskatalog Hundertwasser Friedensreich Regentag. Haus der Kunst 1975, München, S. 111.
(2) Aus einem *Brief an Wiener Kritiker* vom 29. Jänner 1953. Ebenda, S. 115.
(3) Aus einem *Brief an Wiener Kritiker*, zitiert nach Katalog Haus der Kunst 1975, München, a.a.O., S. 117.
(4) Der Begriff wird in einem Essay erläutert, das anläßlich seiner ersten Ausstellung in der Galerie Facchetti in Paris Ende 1953 publiziert wurde, 1955 und 1956 in abweichenden Textfassungen zur Ausstellung der Galerie Del Naviglio in Mailand, dann für die zweite Ausstellung bei Facchetti. Der Maler liefert auch eine *Terminologie des Transautomatismus* und in »Phases« und »Cimaises« (Phasen und Gipfel) das *Transautomatische Individualkino* und die *Visibilité transautomatique.* All diese Elemente bilden zusammen die *Grammatik des Sehens,* die von der Galerie Kamer 1957 herausgegeben wurde.

(628) SONNE - TRÄNEN - BLUT, 1966
Mischtechnik: Öl und Ei auf grundiertem Papier
auf Hanf geklebt, aufgezogen auf Leinen, 54 × 73 cm

DAS IST DER WEG ZU DIR, 1966
Mischtechnik: Aquarell, Polyvinyl, Öl, Ei auf Kreidegrund
auf Papier, mit Polyvinyl auf Hanf geklebt, 60 × 73 cm

Straßen oder Hochhäusern, heißt, der biologischen Entwicklung der Lebewesen nicht Rechnung zu tragen, das bedeutet, ihre Unversehrtheit und ihr Wesen anzutasten, ihnen das Recht zu nehmen, sich zu ihrem Wesen zu bekennen, heißt, sie zu »normalisieren«, sie in ein abstraktes Gewand zu zwingen. Mit anderen Worten: sie radikal abzutöten. Die Linie, die das Fahrrad beschreibt, ist, das ist nicht zu leugnen, auch gerade,[1] jedoch nicht so bedingungslos; nur ein Römer brächte es fertig, ein Bergmassiv auf einer geraden Route zu überqueren. Die torkelnde Linie des Trunkenen, die Linien der Maler, die sich der rein automatischen Kunst verschrieben haben, sind weniger tödlich, aber sie führen nirgendwohin. Die natürliche Linie hat Tiefe, ist heil oder zerrissen, knorrig wie eine Baumrinde, sie faltet sich entsprechend den Kurven und Hügeln der Erde, sie ist fluidoid. Für Hundertwasser ist die Zeichnung zuallererst »fluidoide Aktivität«, eine Aktivität, die die heilbringende Spirale entwickelt hat. Wenn der Mensch sozusagen Ideen in Karoform hat und er ähnliche Formen nötigt, ebenfalls Karoform anzunehmen, wenn er seinesgleichen in kubischen Kästen und ein paar Quadratmetern einer Sozialwohnung kaserniert, so stirbt die Menschheit, von ihren Wurzeln abgeschnitten. Der Transautomatismus ist nichts anderes als die Aktivierung der Lebenssäfte, die dem Menschen schöpferische Kraft verleihen — ein Gewebe aus endlosem Faden zwischen Mensch und Natur. Die naturalistische Photographie, die Nachahmung in der Kunst, die perfektionistische Kopie waren eine Ketzerei — um so mehr ein Sakrileg, als die Trauben des Zeuxis zwar die Fliegen anlockten, aber keinen Wein gaben, als Gott einem Ersatz Platz machen mußte. Man mußte einen Ausweg aus dieser Sackgasse suchen — die Impressionisten haben ihn gefunden. Die Malerei entging dem Tod durch die Photographie, dadurch, daß sie sich selbst erneuerte, indem sie auf den Weg der Inspiration zurückkehrte.[2]

Und wieder fiel Paris der Ketzerei in Gestalt von Ismen zum Opfer, die zu tödlichen Krankheiten wurden. Der plötzliche Herztod von Yves Klein verdunkelte den weiten blauen Himmel mit düsteren Wolken. Neues Ketzertum folgte. Paris — Stadt der Museen. Die Abstraktion überlebte dort, wo sich ihr Akademismus verkaufte: in den Salons der Banken und Flughäfen. Geometrische Kunst und Op-Art mit ihren Tricks haben ihr Leben in den Bazaren der Luxusspielzeuge ausgehaucht. Ohnmächtig, eine den Dingen gleich wahre Realität zu schaffen, werden Pop-Kunst, Neo- und Hyperrealismus in den Vitrinen zur Schau gestellt und gesteigert bis zur Maßlosigkeit. Beispiellose Vanitas der Malerei! Ihre einzige Wahrheit ist das ewige Unbefriedigtsein. Die Kunst hört auf, weil sie aufhört, sich selbst zu verwirklichen. Die Schöpferkraft versiegt, weil sie sich von ihren eigenen Exkrementen nährt. Es ist nötig, aus den lebendigen Quellen zu schöpfen. Jene, die Hundertwasser speisen, springen aus den Reservoirs der Artesischen Brunnen. Er ist eine Oase in der Wüste. Er ist der Maler, der zur Pflanze geworden ist.[3]

Transautomatismus — das ist nicht nur Daseinsform, sondern Methode — eine Form der Wahrnehmung, die von jedem eine individuelle Kreativität verlangt und die die Distanz, die seit kurzem Künstler und Betrachter trennt, aufhebt. Der letztere ist heute ein Ausübender, der seine Rolle zu spielen, sein Bild zu komponieren hat. Zwischen Subjekt und Objekt gibt es eine Reihe von Wechselbeziehungen und Verwandtschaften im Bereich des sinnlich Wahrnehmbaren. Darüber hinaus existiert das nicht Sichtbare — verborgene Kräfte, die ihre Linien- und Farbspuren auf der gemalten Oberfläche hinterlassen. Mikroskopische Schnitte zum Beispiel, Kolonien von Blutkörperchen oder Schuppen von Schmetterlingsflügeln; oder geologische Karten, Erhebungen auf dem Meeresgrund, schließlich auf einer dritten Ebene nicht figurative Bilder, die die gemalte

(1) »Die gerade Linie führt zum Untergang der Menschheit.« F. Hundertwasser, 1953. Katalog zur Ausstellung der Galerie Facchetti.
(2) Siehe den Text der Ausstellung von 1955 in Mailand: »Dio è venuto due volte sulla terra (Gott ist zweimal auf die Welt gekommen)« wie auch das Diagramm in dem Buch von Restany *Happy Hundertwasser*, Ballantine, New York, 1977 (s. S. 43).
(3) Für die religiöse Weltanschauung von Hundertwasser ist der Kreislauf Pflanze – Natur – Scheiße – Humus – Pflanze ähnlich, wenn nicht identisch mit dem religiösen Kreislauf, das heißt, Wiederauferstehung, das Leben nach dem Tod, die Wiedergeburt und die Seelenwanderung.

632 Versäumte Weihnachten - Die Grippe, 1966
Mischtechnik: Aquarell auf grundiertem Papier, auf große Hanffläche
aufgeklebt. Beendet mit Ei, Öl, 73 × 60 cm

629 Der Tod des Mannequins, 1966
Mischtechnik: Ei, Aquarell, Öl auf Polyvinyl-Kreidegrund
auf Papier. Arche mit Aluminiumunterlage
auf Holz geklebt, 50,5 × 66 cm

(633) VERSÄUMTER FRÜHLING. DAS SCHWARZE LOCH, 1966
Mischtechnik: Aquarell, Ei, Öl, Goldbronze
Goldfolie mit Polyvinyl auf Polyvinyl-Kreidegrund
auf Zeichenpapier mit Polyvinyl auf Jute aufgezogen, 53 × 73 cm

627 WEIẞER ELEPHANT, 1966
(Für Karl Flinker gemalt)
Mischtechnik: Aquarell, Ei, Polyvinyl auf
Kreide-Polyvinyl-Grund auf Papier, 18 × 24,5 cm

(630) Mit der Liebe warten tut weh, wenn
die Liebe woanders ist
Gelbe Häuser, Eifersucht, 1966
Mischtechnik: auf Hanf, Papier, Polyvinyl-Grund
mit Ei, Öl, Polyvinyl, 80 × 130 cm

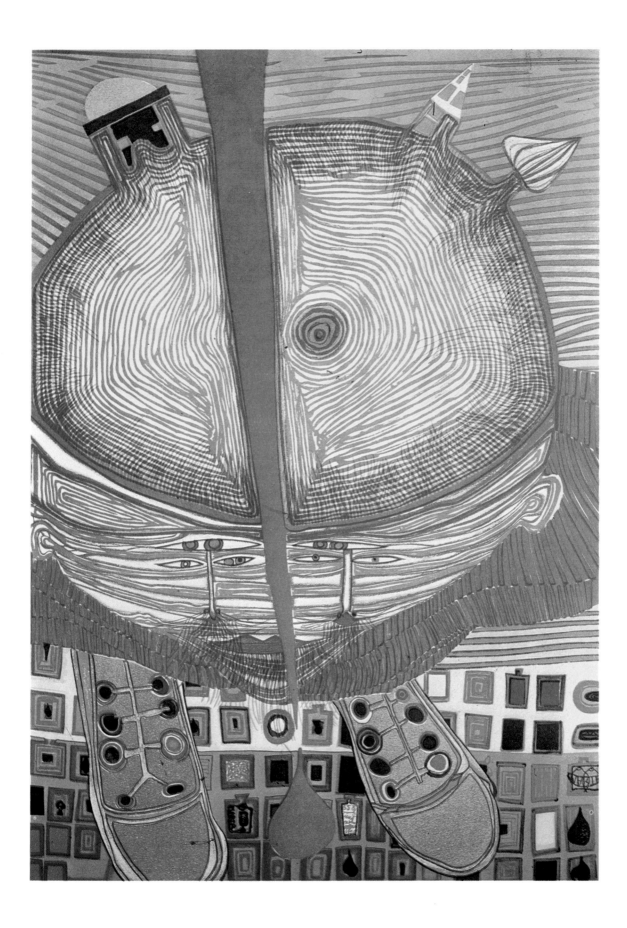

SCHWERER GRASWIND, 1968
Mischtechnik: Aquarell, Ei, Öl, Silberfolie auf Kreide-Polyvinyl-Grund auf
Fabriano Papier mit Polyvinyl auf Hanf geklebt, 66 × 82 cm

Oberfläche beleben, von der Sensibilität, der Intuition des Betrachters aufgespürt, in Worten nicht auszudrücken. Auf der Netzhaut läuft dies alles wie ein Film ab, der durch das Wechselspiel zwischen Wahrnehmung und Malerei zustande kommt. Wie in einem Kaleidoskop sind die entstehenden Bilder nie identisch: sie hängen ab von Zeit, Ort, von der momentanen Verfassung des Betrachters, vom Klima — von Unberechenbarem aller Art. Hundertwasser präsentiert uns in der Art und Weise seines »Individualkinos« ein Gemälde, das eine *Kaffeemühle* (197, s.S. 18) — wie in einem Traum — darstellt, das aber einen Filmstreifen von 78 Projektionen liefert, was vom Betrachter eine anhaltende visuelle Aufnahmefähigkeit erfordert. Der Maler gibt eine gewisse Hilfestellung, indem er einen allgemein erkennbaren Gegenstand wählt (entweder eine Landschaft oder ein Portrait), in diesem Fall ein Küchengerät. Das ist aber auch die einzige Unterstützung. Diesem Bildtyp liegen zwei Figuren zugrunde: ein Viereck und ein Kreis (die Andeutung einer Spirale). Wie jedes Zeichen beim Ablauf des Films über Assoziationen im rein optischen Bereich eine Erfahrung wachruft, so werden mehr oder weniger verschwommen die geheimen Wünsche, die in unserem Herzen ruhn, ans Licht gebracht.

Das Engagement. Die Zeiten waren nicht rosig. Während Hundertwasser die Farbenpracht seiner Träume auf den magischen Bildschirm projizierte, blickte die Welt auf Budapest. Man vernahm das Rollen russischer Panzer von dort, den wüsten Lärm der Fallschirmjäger in Algerien und der Bombardierungen in Indochina, und in der Ferne stand dräuend die düstere Wolke der Atomexplosionen. Wir täuschen uns wohl nicht: Hundertwasser, mit den Allüren eines friedlichen Hippie-Vorläufers, ergreift nicht die Flucht, ein Lied auf den Lippen und Blumen in seinem Bart, weitab von Schlachtenlärm und Krieg. Jedesmal, wenn er mit dem Pinsel heftig in rascher Wiederholung Farbe auf die Leinwand tupft, automatisch, quer über eine Spirale, so hört er sie, die Maschinengewehre. Sein Bild *Das ich weiß es noch nicht* (433, s.S. 26) zeigt eine Spirale, nachdrücklicher denn je und mit triumphaler Geste. Sie muß sich jedoch gegen entgegengesetzte, mit gleichem Nachdruck redende Tendenzen durchsetzen. Während sie vor einem kontrastierenden Hintergrund ihren Halt findet, erglänzt der Kern im Mittelpunkt wie ein harter schwarzer Stein, wie eine Kaaba, vor einem Netzwerk aus Roten Linien. Das Viereck ist von einer Menge, die sich wie in einer Prozession bewegt, umgeben, es ist aber auch Ziel menschlichen Hasses.

Hundertwasser drückt in seinen Bildern die Empfindungen aus, die die Ereignisse in ihm auslösen. Sein Zeugnis übersteigt dabei seine eigene Erfahrung. Wenn später der mittelmäßige Künstler das politische Engagement zu seinem Streitroß machen und die Malerei zur bloßen Dokumentation werden wird, zum Dokument mit dem Charakter der Denunziation oder eines Kennworts, dann wird Hundertwasser die von ihm selbst erlebten Reaktionen, in seinem Stuhl sitzend, als substantiellen Teil seiner Malerei betrachten. 1956 stellt er die Liste von hundert an Ungarn verübten Verbrechen auf. Etwas mehr als zehn Jahre später wird ein Bild in Plakatform mit dem Titel *Der Junge mit den grünen Haaren* (653, s.S. 59) publiziert. Man denkt dabei an einen Film, in dem ein kleiner Junge von den anderen gehänselt wird, weil er nicht so ist wie die anderen. Ein psychologisches und sehr persönliches Thema. Dasselbe Thema, als Gemälde ausgeführt, nennt sich jedoch *Ich lerne ein wenig tschechisch*. Dieser menschliche Kopf, der von einer Axt gespalten wird, kann nicht nur eine Anspielung auf irgendein sentimentales Drama sein. In Prag wird von neuem eine Wunde in Mitteleuropa geschlagen. Hundertwasser übersetzt das Schauspiel seiner Pilgerfahrten in die Sprache der Malerei. Aus bloßer Abenteuerlust läßt er sich als Matrose auf einem estnischen Frachtdampfer, der Bauta, anheuern. Während eines ganzen Jahrzehnts stellen die Spiralen einen Kontrapunkt zu seinem Vagabundendasein dar.

Öffentliche Manifeste. Er legt nun auch auf seine öffentlichen Äußerungen besonderes Gewicht, die seinen geschriebenen Manifesten noch mehr Evidenz verleihen. 1958 liest er sein »Verschimmelungsmanifest gegen den Rationalismus in der Architektur« auf einer Tagung im Kloster Seckau in Niederösterreich, dann in München und Wuppertal.

Pintorarium. Der Transautomatismus greift schließlich auch auf das tägliche Leben über, vor allem auf den Bereich des Wohnens. Hundertwassers Thema ist die entschiedene Ablehnung des Rationalismus und des Funktionalismus in der Architektur. Der Schimmel verkörpert den biologischen Prozeß einer langsamen Wucherung. Im folgenden Jahr gründet er mit Arnulf Rainer und Ernst Fuchs das Pintorarium, eine Art Gemäldegalerie, aber auch Forschungszentrum für eine »Kunst zu leben«. Die Gründer machen keinerlei Vorschriften, sie indoktrinieren nicht, nehmen jedermann auf. Sie selbst vertreten unterschiedliche Ideologien und Ausdrucksformen. Was in erster Linie zählt, ist der gemeinsame Kampf gegen alles, was die schöpferische Kraft des Menschen hemmt. Hundertwasser vertritt seine eigene These: Erneuerung der Architektur durch Fäulnis, er hält die Erosion für unerläßlich und fordert das Recht, Haustiere und die Pflanzen liebevoll ins Haus einzubeziehen. Er proklamiert die spiraloide und fluidoide Malerei und schließlich den Egoismus als einzige Form des Altruismus.

1959 kocht Hundertwasser während eines von Alain Jouffroy organisierten Happenings eine einfache Brennesselsuppe in einem Waschkessel. Der Sinn der Parabel ist klar: Die Brennessel kostet nichts, sie ist gut zu essen und sichert dem Künstler seine finanzielle Unabhängigkeit gegenüber den Launen des Publikums und vor allem der Kaufleute. Unglücklicherweise war in dem Behälter der Rest eines Reinigungsmittels verkrustet und Hundertwasser hätte sich fast an der Brühe vergiftet. Die Aktion fand kaum ein Echo.

DER KÜNSTLER IN DER SPIRALE — DIE SECHZIGER JAHRE

Die Rote Linie Hamburgs. In Hamburg zog er mit dem Dichter Herbert Schult und Bazon Brock die »endlose Linie«.[1] Von der Kunsthochschule in Hamburg eingeladen, beginnt Hundertwasser den Studenten auseinanderzusetzen, daß seine Lehrtätigkeit nicht darin bestehe, ihnen etwas zu geben, sondern daß sie einzig aus ihrer eigenen schöpferischen Reaktion lernen würden. Damit schickte er sie nach Hause und ließ jeden nach seiner eigenen Façon malen: die reine Anarchie. Er selbst schloß sich in ein Klassenzimmer ein und begann, horizontal über alle vier Wände eine Spirale zu zeichnen, die sich Zentimeter für Zentimeter emporarbeitete, über alle Hindernisse — Türen, Fenster, Heizkörper — hinweg, zwei Tage und zwei Nächte ohne Unterbrechung. Das Verbot des Direktors und das Einschreiten der Polizei setzten dem Experiment ein Ende! An welchem Punkt hätte die Spirale aufgehört?

Um die Welt. Nun führt die Spirale den Künstler um die Welt. Sein Werk hat sich ein internationales Publikum geschaffen. 1960 stellt er in der Galerie Raymond Cordier in Paris aus, die zu den international renommierten Galerien von höchstem Niveau gehört. Dies ist auch die Brücke über den Atlantik. Er stellt in Tokio aus und hält sich in Japan auf. Eine andere Welt, eine Welt der geschlossenen Gärten um das Haus, das sie wie in einen Mantel aus Chrysanthemen kleiden, mit Miniaturseen, die in den Rasen eingelassen sind.

1962 stellt er auf der Biennale in Venedig im österreichischen Pavillon aus. Von Griechenland nach Schweden, von einer europäischen Hauptstadt zur anderen. Er wird nicht müde, umherzuwandern. Er richtet sich ein Atelier auf einer Insel in der Lagune vor Venedig ein. Das Meer umgibt ihn, überschwemmt die grünen Wiesen seiner Bilder und vermengt beide Elemente miteinander. Dann, von 1964 an, kehrt Hundertwasser zu einer mehr objektiven Beziehung zur Umwelt zurück: von neuem malt er Personen, sein eigenes Gesicht, Städte. Die Fassaden der Häuser vermischen sich mit

(1) Im Ausstellungskatalog des Musée d'Art moderne de la Ville de Paris das Interview, das Restany zu dieser denkwürdigen Manifestation mit dem Künstler gemacht hat.

der Natur. Die transautomatische Tätigkeit vollzieht sich mit einer gewissen Leichtigkeit und Eleganz. Haben Ruhm und Reichtümer den armen Künstler, der barfuß einherging, verdorben?

Krise. 1966 wird der glückliche Lebenskünstler von einer persönlichen Krise geschüttelt. Eine Reihe von Werken mit mehr autobiographischem Charakter sind das Echo dieser Periode der Spannungen. Als Folge verlieren manche Bilder ihre künstlerische Tiefe und legen mehr Gewicht auf die persönliche Geschichte und die Empfindungen (⑥⑮ bis ⑥㉝). Unglückliche Liebe, Ärger, Qualen der Eifersucht. Die Reinkarnation in den Zügen Egon Schieles verleiht dem Bild ⑥㉒ (s. S. 39) eine tragische Größe, die die Anekdote zum Mythos erhebt — in einer Atmosphäre von Hohn, von Beklommenheit, die selten bei Hundertwasser zu finden ist: der Himmel durch ein Streifenmuster versperrt, schwarze Tränen, Fenster wie Grabsteine, die Hälfte des Daches, das mit seinen zwei Schrägen wie mit mütterlichen Armen die Wärme, die Feuerstätte schützt, ist abrupt abgeschnitten, aus dem Gleichgewicht geraten, voller Beklemmung.

Der Weg zu Dir (⑥㉖, s. S. 51) zeigt eine hoffnungslos gerade Straße, die auf eine rote Sonne oberhalb der Linie des Horizonts zuführt. Hundertwasser kann nicht umhin zu bekennen:

> Ich habe schmerzlich durch die Frauen, die mich flohen, gelitten, ich
> war so traurig, daß mich nicht einmal die Gänseblumen auf der Wiese
> erfreut haben.[1]

Welch intimes Bekenntnis des Leidens für jemand, der sonst so zurückhaltend ist! Es gab auch zwei Scheidungen im Leben dieses Mannes, der, zwischen seiner Mutter und seinen Reisen stehend, schon ein zerrissenes Leben führte. Sie, der einige der schönsten Bilder gewidmet waren, Frau Stowasser, stirbt 1972. Ein verschlossenes Haus empfängt Hundertwasser, die Mutter ist nicht mehr da.

1967 ist die Krise des vorangegangenen Jahres überwunden. Reise nach Schwarzafrika. Sein Werk gewinnt an Dichte, wird beinahe hieratisch. Er setzt sich intensiver mit dem Wesentlichen auseinander. Der Schritt verlangsamt sich, die Zahl der Bilder nimmt ab, sie machen sich sozusagen rar, verglichen mit dem früheren Schaffen.[2] Jedes neue Bild greift die bekannten Themen und Formen wieder auf und gruppiert sie wie die Blumen zu einem Strauß. Aber die angewandten Mittel zielen auf eine Konzentration ab. Der Raum der Reise ist intimer und gleichzeitig weiter geworden. Als die Kosmonauten zum Mond flogen, hat sich Hundertwassers Phantasie mit an Bord begeben, um über den Ozean des Himmels zu gleiten. Der Weg seines Werkes verfolgt die Umlaufbahnen der Satelliten. Die Bilder sind immer überflogene Landschaften, Karten von Schatzinseln, von oben gesehen wie mit den Augen eines Vogels. Selbst die menschliche Figur ist mitunter von oben wiedergegeben, so daß nur der Schädel und die Fußspitzen zu sehen sind. Die Landschaft, die aus der Kavaliersperspektive gesehen ist, gewinnt abermals an Weite, wenn sie aus der Sicht des Ballonfahrers gesehen wird; oder sie gleitet vorbei wie unter dem Flügelschlag ziehender Wildgänse.

Der Blick schweift umher, senkt sich und läßt sich auf dem blauen oder schwarzen Fleck nieder, der in der Mitte der Spirale leuchtet, und geleitet uns in die Parallelwelt des Bildes. Dort hat die Weite der optischen Bildwelt ihre Wurzeln. Hier haben wir unseren Hafen erreicht. In uns vollzieht sich langsam die kreisende Bewegung, während unsere Beine zu Bäumen und unsere Hände zu Ästen werden und unser Haar grün und dicht wird wie der Rasen. Man verliert sich nicht in Hundert-

(1) Vorwort zum Katalog 1967, Genf.
(2) Nach dem vom Künstler durchnumerierten Werk-Katalog entstanden zwischen 1950 und 1970 um die siebenhundert Bilder. In den folgenden zehn Jahren (seit 1967 malt Hundertwasser viel weniger) kommen kaum hundert neue Werke zusammen.

wassers Spirale. Sie ist kein Verlies, keine Folterkammer, die uns zur Beute von Ungeheuern werden läßt, welche in den tiefen Falten unseres Gehirns lauern. Dennoch durchwandern wir Friedhöfe. Die Häuser trauern, und die Fenster weinen. Aber die Spirale führt nach oben, dem Glück und der Schönheit, der Wiedervereinigung von Natur und Mensch entgegen. Der sensible Farbfleck im Mittelpunkt ordnet die Bewegung im Bild und die Bewegung unseres Blickes. Das Glück kann man nur in einer Freude finden, die die Mühsal besiegt hat.

In Hundertwassers Kunst liegt eine ethische Dimension, die jeder wahren Malerei gegeben ist und die den Reisen um die Welt Sinn geben. Sie sieht die Erde gut und schön, und diese Sicht wird zur ästhetischen Vision. Von der Spirale hat uns Hundertwasser gesagt, daß sie das Symbol des Lebens und Todes ist: sie ist die Spirale der Schöpfung, die uns hat Mensch werden lassen.

Das graphische Werk. Andere Wege und andere Techniken bieten sich dem Werk an. Die graphische Kunst — eine neue Variante der Malerei. Sie ist schwieriger, denn sie verlangt das Zusammenarbeiten mit anderen und bleibt immer ein wenig zweitrangig, insofern, als sie nicht unmittelbare künstlerische Manifestation ist und ihr Ziel sozusagen auf Umwegen erreicht. Hundertwasser ist der erste westliche Künstler, dessen Werk in japanischer Holzschnittechnik realisiert wurde.

Tapisserien. Ein neues Abenteuer wartete in dieser Zeit: Die Mexikaner webten ohne Kartons Wandteppiche, gaben ihnen die Dimensionen der Wand und die Funktion eines Orientteppichs: Das Viereck aus Wolle begrenzt den Wohnraum, den geheiligten Ort der Ruhe und der Träume, der magischen Reisen und der Zuflucht. Nur daß dies eine spiraloide Tapisserie ist, die die Bewegung der Pflanze auf der Innenseite der Mauer fortspinnt.

Bücher. Kleine Vignetten, die Briefmarken, die Hundertwasser im Auftrag der Republik Österreich entwarf und ausführte, spiraloide Atome der großen, sich ständig erweiternden Spirale des Universums vervielfältigen und verbreiten das Werk Hundertwassers wie tausend in den Wind gestreute Blütenblätter. Mit einem Lächeln der Farben und einem Augenzwinkern verbinden die Briefmarken die Menschen miteinander; auf jedem Briefumschlag sprechen sie ihre stumme Sprache aus der Ferne mit einem Flüstern von weither aus versiegelnden Lippen. Erst kürzlich entwarf Hundertwasser weitere Briefmarken, für den Präsidenten Senghor von Senegal, für die Republik Capo-Verde und auf Einladung des Generalsekretärs der Vereinten Nationen Perez de Cuellar, zwei Briefmarken für die USA, zwei Briefmarken für die Schweiz und zwei Briefmarken für Österreich. Die Malerei wiederum wandert über alle Kontinente wie eine Karawane, mit der Mission, die durch die Kunst befreiten und selbst für einige Zeit wieder schöpferisch gewordenen Menschen zu vereinen. Das Korn wird wachsen, wenn es auf den Boden fällt, der bereit ist, es aufzunehmen. Es muß nur noch ein wenig mehr regnen.

Regentag. Anfang der siebziger Jahre ging Hundertwasser an Bord eines alten Bootes aus Holz mit gestreiften Segeln und nannte es »Regentag«.[1] Regentag auf dem Meer, auf der Adria, dem Tyrrhenischen Meer, zwischen den griechischen Inseln, an den Küsten des Mittelmeeres von Zypern bis Israel segelnd. Als Friedenspilger auf seinem Schiff, wie ein Kapitän Nemo unterm Regenbogen, schleudert er unablässig dem Meer seine Botschaft entgegen: der Mensch möge sein Erbe als Bewohner der Erde heilighalten. Bewohnen heißt schöpferisch sein.

(1) Ich habe innerhalb von acht Jahren die »Regentag« gebaut auf den Schiffswerften von Palermo, Venedig, Elba, La Goulette (Tunis), Malta. Ich habe das Handwerk des Seemanns gelernt. Ich habe die Reise nach Neuseeland organisiert, aber ich konnte nicht die ganzen 18 Monate der Reise an Bord sein. Ich war wirklich Kapitän: 1) im Mittelmeer, 2) quer durch die Antillen, 3) von Tahiti nach Neuseeland über die Cook- und die Kermadec-Inseln usw. (Hundertwasser)

740 ZWEIMAL ÜBER INDIEN, 1974-1975
Mischtechnik: Aquarell, Öl auf Holz, Kreidegrund und Polyvinyl, 48 × 38 cm

Neuseeland. Hundertwasser nahm Kurs gegen die sinkende Sonne und ließ das Mittelmeer in seinem Kielwasser zurück. Er erreicht die Antillen, dann über den Panamakanal die Marquesas-Inseln. Schließlich landet er, von welchem Stern, welchem Instinkt, welchem in seinem Geist schlummernden Bild von Eden auch immer geleitet, auf einer großen grünen Insel. Die Natur noch heil, aber bereits bedroht von der brutalsten Umweltverschmutzung, die die zivilisierte Welt zur Verfügung hatte. Für Neuseeland, seinen neuen selbstgewählten Hafen, entwirft er im Herbst 1974 das Plakat für die »Conservation Week«. Um seiner Aufgabe als Friedensbringer mehr Nachdruck zu verleihen, nennt sich Hundertwasser jetzt Friedensreich, oder aber er signiert seine Werke mit zwei japanischen Schriftzeichen, die dieselbe Bedeutung haben: Ho-Wa.

DER KÜNSTLER IM MITTELPUNKT DER WELT — DIE SIEBZIGER JAHRE

Nacktdemonstrationen. Ende 1967 und Anfang 1968 hatten die Demonstrationen Hundertwassers in München und Wien einmal mehr die Notwendigkeit einer Revolution aufgezeigt, eine Revolution nicht so sehr gegen das bestehende System, wie sie zuerst die deutschen und dann die französischen Studenten geplant hatten, sondern gegen eine noch schlimmere Versklavung. Nackt vor den im Pintorarium versammelten Studenten und Journalisten stehend, hatte er erklärt:

> Die nächste Revolution wird die sein, daß die Menschen sich auflehnen gegen die geraden Dinge und gegen diese Konfektion, die nicht einmal die Maschine will... Der Mensch soll sich nicht nach der Maschine richten, sondern die Maschine nach dem Menschen. Das erste, was zu tun ist, wenn eine Maschine gekauft wird, daß man ihr einen Tritt gibt, damit sie sich von den anderen unterscheidet.[1]

Los von Loos. Zehn Jahre später verliest er im Presseclub Concordia in Wien sein Manifest »Gesetz für individuelle Bauveränderungen oder Architektur-Boykott-Manifest« von 1968, genannt »Los von Loos!«, das die gerade Linie in der Architektur verdammt. Der große österreichische Architekt hatte genau sechzig Jahre zuvor sein Buch veröffentlicht, in dem er dem Ornament den Kampf ansagt und eine Architektur entwirft, die von den ornamentalen Schnörkeln und Verzierungen seiner Epoche gereinigt war. Hundertwasser wirft ihm nicht vor, den ornamentalen Firlefanz angegriffen, sondern kein lebendiges Ornament kreiert zu haben. Eine gerade Linie ist akzeptabel, wenn sie zu klingen vermag, aber das Senklot und das Lineal sind kalte, seelenlose Instrumente.[2]

Hundertwasser schlägt vor, alle Architekten zu boykottieren, die Streichholzschachteln aus Beton als Architektur verkaufen und es ablehnen, darin »interniert« zu werden. Konkreter: man kann ein Gebäude verwandeln, indem man von seinem »Fensterrecht« Gebrauch macht und seine »Baumpflicht« wahrnimmt. Das anonyme Rechteck des Fensters ein wenig abzuwandeln und es so von tausend anderen in einem Wohnblock abzusetzen oder das Gesims mit roten oder blauen Voluten zu bemalen, ändert noch nicht viel am Ganzen. Immerhin ist es eine Form der Bekräftigung, daß wir in der Stadt, die uns gefangen hält, einem Universum, das uns mit seinem Komfort und seinen Reglements der verschiedensten Art umschließt, uns den kostbaren Wunsch erhalten haben, durch die Öffnungen zu entkommen.[3]

(1) Nacktrede für das Anrecht auf die dritte Haut, 1967.
(2) Die gerade Linie ist ein wahres Werkzeug des Teufels. Wer sich ihrer bedient, hilft mit am Untergang der Menschheit... Wie wird der Untergang sein? In jedem Wohnblock in New York zehn his zwanzig Psychiater. Die Kliniken überfüllt, wo die Irren nicht gesund werden können, weil die Kliniken auch nach Loos' Bauhaus gebaut worden sind.
(3) Man kann mit einem Stück Eisen Dinge in die glatten Außenmauern ritzen, ähnlich wie man es in den Aborten sowieso tut. Was haben wir für eine schändliche Versklavung, daß die letzten Überbleibsel der individuellen Gestaltung sich nur noch in den Klosetten finden. *Manifest Los von Loos, Architektur-Boykott,* 1968.

Fensterrecht. Ein Beispiel für das »Fensterrecht« gibt Hundertwasser mit seiner Umgestaltung einer Hausfassade in der Andergasse in Wien anläßlich einer Sendung für das deutsche Fernsehen (1972). Ein Flugzeug bringt ihn unmittelbar darauf in die Schweiz, und dann nach Deutschland, wo er am selben Tag drei Fenster, eins nach dem anderen, umgestaltet.

Baumpflicht. Auf der Triennale in Mailand demonstriert Hundertwasser in spektakulärer Form für die »Baumpflicht«. Er pflanzt fünfzehn Bäume als »Mieter« in Etagenwohnungen in der Via Manzoni; man kann sehen, wie sie ihre Zweige und ihren Kopf aus dem Fenster stecken und in die belebte Straße hinunterschauen. Keine surrealistische Geste, sondern eine Forderung nach Gesundheit und eine Metapher für den Sauerstoff, den die Menschen in den erstickenden und blutleeren Städten so entbehren. Sie öffnen ihren Mund wie Fische und können nicht atmen. Dennoch fahren sie fort, mit ihren Autos die Luft zu verpesten, und um Parkplätze zu bauen, roden sie Bäume. Der Baum schluckt den Staub und den Lärm und schenkt uns zudem die Schönheit seines schützenden Laubwerks. Straßen und Garagen könnte man unter der Erde bauen.

Grasdachhaus. Hundertwasser veranschaulicht es in den von ihm konzipierten Architektur- und Stadtmodellen. Das Haus ist völlig in die Natur integriert, organisch eingebunden in die Natur, die weit mehr ist als nur ein Schmuck. Gras und Bäume wachsen auf dem Dach. In der Erde findet der Mensch Zuflucht wie bei einer Mutter und die natürlichste Wärme. Das Haus wird zur Behausung der Menschlichkeit, zum mütterlichen Schoß, der organisch mit der Erde verbunden ist. Moos und sanftes Gras schaffen wie Federn eine Klimatisierung und Isolierung gegen den Lärm von draußen. Die Wohnung ist Schutz und Schöpfung in einem. Wenn man zum Beispiel Flechtbinsen[1] pflanzt, wird durch sie das Wasser gereinigt. Ihre Wurzeln sind eßbar, als Gemüse oder Salat, oder man pflanzt Obstbäume. Erdbeeren essen, die auf unserem Dach gewachsen sind! Das begrünte Dach hat noch einen Vorteil: es dient als »Deponie für Erde und Humus«, es verwandelt die Abfälle, ohne die Erde zu verschmutzen, weil sie im ewigen Kreislauf zu Humus werden.

In Skandinavien, im Norden, gibt es kleine Bauernhäuser, deren Dächer einen dicken Grasmantel tragen. Sie gehen in das umgebende Wiesenland über und scheinen so in den Boden einzusinken. Die Räume sind weit, warm, erfüllt vom Sonnenlicht. Hundertwasser hat solche Häuser in Island gesehen und selbst das Wohlgefühl empfunden, das ihr schwer lastendes Pflanzenkleid hervorruft. In diesen Ländern gab es auch, wie uns die alten Märchen erzählen, Zwerge, die in Grotten tief in den Wäldern lebten.[2]

Die Demonstrationen, Vorträge und städtebaulichen Projekte, die in den großen Städten — Canberra, New York, Wien und Basel — gezeigt wurden, sind allesamt Überbringer der Botschaft vom schöpferischen Leben und dem einfachen Glück. Sie sind zugleich Ausdruck eines tiefen Gefühls des Verwurzeltseins, der Erdgebundenheit des Künstlers, während der Wind unter den Inseln sein Segel dahintreibt wie den Löwenzahnsamen über die Wiesen.

Wenn Hundertwasser jetzt viel weniger malt, so ist der Grund für seine Zurückhaltung vielleicht darin zu suchen, daß er jetzt selbst, von seiner innersten Überzeugung her, die Rolle eines Ferments übernehmen wollte, die bislang seiner Malerei zugefallen war. Nachdem er um die Welt gesegelt war, älter geworden, aber siegreich und weise, hat der Maler endlich an der ersehnten Küste angelegt. Gleich dem Dichter Yeats, der, in der heiligen Stadt Byzanz angelangt, all seine eitlen Begierden verbrannte und seinen Körper aufzehrte, damit sich das Lied der Seele in den Spiralen der Flammen

(1) Scirrus lacustris, Binsengewächs, das Wasser reinigt.
(2) Der kleine Gartenzwerg ist noch immer die bevorzugte Zielscheibe des rationalistischen Architekten. (Hundertwasser)

⑦⑤⑤ I̲nsel̲ der̲ verlorenen̲ W̲ünsche̲, 1975
Mischtechnik: Aquarell, Eitempera, Polyvinyl, Öl, Lackfarbe, Stanniolfolie
grundiert mit Kreide-Polyvinyl-Grund auf Hartfaserplatte, 59 × 48 cm

emporschwingen könne. Byzanz — seine Kuppeln, seine Mosaiken — Zeugnisse der kontemplativen Kraft der Kunst.

Es ist wichtig, diese brennende Frage, die durch dieses Sichverschanzen auf dem endgültigen Eiland aufgeworfen wird, zu klären, denn durch sie ist die Realität des Flecks im Mittelpunkt der Spirale gewährleistet — nur die Realität zählt. Man träumt gern angesichts dieses kleinen Feldes, des blauen Sees, aber das alltägliche Leben zertrampelt so rasch das schlichte Glück, so daß man sich fragen muß, ob all das wahr, ob es nicht ein Traum ist. Im selben Maße, wie die Linie der Spirale schwächer wird und der Farbfleck an Leuchtkraft zunimmt, den Duktus der großen Spirale betonend, kündigt uns das Geschrei der Möwen, die uns begleiten, unbekanntes Territorium an.

Anstelle eines jungfräulichen, klaren Blaus jedoch finden wir einen mit Tinte gesättigten Himmel, der durch die Fenster in unser Bewußtsein einbricht ((749) bis (752), s. S. 75 und S. 70).

> *Auf der Suche nach dem Auge Gottes fand ich nichts als eine schwarze abgrundtiefe Augenhöhle, aus der die Nacht, die in ihr wohnt, sich auf die Welt senkt und sich ständig mehr verdunkelt; ein seltsamer Regenbogen umschließt diesen düsteren Abgrund, Schwelle des uralten Chaos, dessen Schatten das Nichts ist, Spirale, die die Welt und die Tage verschlingt.*
>
> Gérard de Nerval
> Chimères

Diese Verse aus den »Chimères« drücken die Beunruhigung eines Dichters aus, der vom glänzenden Fleck einer schwarzen Sonne verfolgt wird, die den Sieg des sterblichen Wirbelwassers verkündet.

Hundertwasser betäubt sich indes. Die allgemeine Tendenz sind Hohngelächter und zügellose Verschwendung, die der Katastrophe vorausgehen. Er lehnt es ab, die verschiedenen Formen des Todeskampfes zu malen. Das »Floß der Medusa« versetzt die Kinder im Musée Grévin in Angst. Er darf den morbiden Versuchungen nicht weichen, sich nicht blindlings in die Tragik unserer Tage stürzen. Er muß es vermeiden, sich in einem Werk zu sonnen, das nicht mehr aktuell ist, wenn er wie ein volkstümlicher Maler ein Bergdorf mit ordentlichen Bauernhäusern, die sich im blauen Schatten eines barocken Kirchturms versammeln, auf eine Holztafel malt.

Ewige Gärten, von einem Zaun umgeben, Gärten in Tirol, lichtdurchflutete Oasen der Rosengärten Ispahans, Gärten, erleuchtet von den Kerzen der Zypressen und durchdrungen vom Duft der Pinien Roms, grüne Weiden der wilden Ponys von Island, Obstgärten, Kirschgärten, Gärten Japans, von Neuseeland — so viele kleine Paradiese, die der Maler bedroht sieht, weil das Leben über die Kindheit hinauswächst und ein roter Regen wie jener, der aus dem zerbrochenen Ei von der Decke des Pintorariums gefallen war, an diesem Morgen die Wiese besprengt. Vergeblich reibt er sich die Augen — das ist die Wirklichkeit, der kein Künstler entrinnen kann. Gegen alle Vernunft will Hundertwasser den Glauben an den fruchtbaren Regen und an die Freudentränen nicht verlieren. Trotz der Böen und Windstöße knirschen die Planken, der alte Schiffsrumpf ist nicht tot. Wenn die Bilder sich wiederholen, weil die Spirale der Reise nie endet, so wird sie zumindest bedeuten, daß es, selbst blindlings und ohne Sterne, nötig ist, in Bewegung zu bleiben, wachen Sinnes und bereit, den Tagesanbruch und den Landstreifen dicht über dem Horizont zu ergreifen. Der Hafen liegt in uns selbst, wir erreichen ihn, wenn wir uns selbst einholen und überrunden, sofern es sich nicht in Wirklichkeit um ein Auf-der-Stelle-Treten, sondern um ein echtes Überholen handelt. Wie aber sollen wir das wissen, da doch unser Schrittmaß nur von dem Punkt aus gemessen wird, der uns fehlt, und die Spuren am Strand verwischt sind?

752 BLACKMISTER SKY - (HERR NACHTSCHWARZ), 1975
Mischtechnik: Eitempera, Polyvinyl, Öl, Lackfarbe, Stanniolfolie mit Uhu auf
Kreide-Zinkweiß-Polyvinyl-Grund auf Hartfaserplatte, 67 × 40 cm

(763) REGENBOGENHAUS, 1976-1977

Mischtechnik: Aquarell, Eitempera, Polyvinyl, Öl, Lackfarbe, auf Papier, mit Polyvinyl und Tapetenkleister auf Leinwand geklebt, präpariert mit Kreide. Holzgestell von Hundertwasser selbst verfertigt, 117 × 88 cm

DAS ENDE DER REISE

Die Kinder des Kapitäns Grant in Jules Vernes Roman hatten auf der Suche nach ihrem schiffbrüchigen, auf eine Insel in der Südsee verschlagenen Vater das letzte Infernum der Erde, das zu Beginn des 20. Jahrhunderts nicht zivilisiert worden war, überwunden — Fieberanfälle, wilde Tiere, menschenfressende Stämme. Als sie ihn schließlich wiedergefunden hatten, glaubten sie an die Utopie der Zivilisation, die Vorsehung des Menschen. Heute sind ihre Enkelkinder Gefangene der Gesellschaft, die jene gegründet haben.

Indem er sich in die Natur versenkt, flieht Hundertwasser weit vor den Gefahren der Gegenwart: dem Analphabetentum, das schwindelerregend zunimmt, Zerfallsprodukt nach der Pest der Kriege. Allenthalben stumpft der Geist ab, werden die Schätze der Erde vergeudet, aufgebraucht, ausgeraubt. Allheilmittel geben vor, das Heil zu bringen, und bringen noch größere Knechtschaft mit sich — Systeme, Prognosen, Statistiken. Vom Computer verwaltet, findet sich der Mensch auf seine eigene Logik reduziert. Das Denken wird zum schöpferischen Akt, es hat sich in den Hirnwindungen verirrt; es bringt die Welt, die sich in Harmonie befunden hatte, in Unordnung und zerfrißt sie wie ein Krebsgeschwür. Man hat das Leben ausgetauscht gegen billige Interessen, gegen Macht und Hoffart und weichliche Schmeichelei in ihrem Gefolge. Mit der Welt stirbt das Denken.

Das ist der Grund dafür, daß Hundertwasser in andere Hemisphären ausgewandert ist, um die Spirale in ihrer positiven Bedeutung wieder aufzunehmen. Doch der Siedler bleibt allein. Dennoch sendet dieser Robinson, dessen einzige Waffen die Farben der Imagination sind, der verzweifelten Menschheit Signale der Ermunterung, Funkenflüge vielfarbiger Gedanken. Kommt, atmet frei und wohnt in einem Tal ohne Verunreinigungen, in Häusern unter dem Rasen! Rettet die Natur, indem ihr euch rettet! Green Power gilt Hundertwassers Engagement, das er der Erde weiht. Es genügt nicht mehr, das Sichtbare zu malen — die Wirklichkeit kann uns nicht mehr erfreuen, und es nützt nichts mehr, Äpfel zu vergolden oder Kirschen zu malen: die Kunst allein wird den Planeten nicht erneuern können. Im Garten der Hesperiden bewacht Hundertwasser das Paradies. Er wird nicht die Natur vergewaltigen, wie es die Architekten oder Gärtner tun, die da jäten, begradigen und sich in den Kopf setzen, sie ihren Plänen gemäß zu organisieren, weil sie sich für berufen halten, sie zu »vervollkommnen«. Unsere Aufgabe ist es, der Natur ihr Recht auf spontanes Wachstum zurückzugeben.[1] Dieses Werk kann sich nur durch Selbstvernichtung vollenden, durch die Demut, welche Humus ist.

Der Maler war ein Reisender im Wind, und nun sät er sich selbst als Samen, indem er sich begräbt. Wer weiß, ob es nicht nötig ist, sich tief einzugraben, da der Regen schädlich, radioaktiv, geworden ist über den Wassern des Pazifik. Gestern hatten Haar und Bart den Charakter von Gras, heute ist

---

(1) Ich arbeite an einer Sache, die zu tun für den Menschen wesentlich ist auf dieser Erde, wenn er auf dieser Erde weiterleben will. Der Antagonismus, die Konfrontation bestehen nicht zwischen den Menschen: Kriege, die Alten gegen die Jungen, Reiche gegen Arme, Kommunisten gegen Kapitalisten, Gläubige gegen Ungläubige, Sklaven gegen Folterknechte usw... Die Konfrontation besteht zwischen Mensch und Natur. Also: Wir müssen *einen Friedenspakt mit der Natur schließen. Wir müssen der Natur die Territorien zurückgeben, die wir widerrechtlich uns angemaßt und zerstört haben.* Alles Waagrechte unter dem Himmel gehört der Natur. Die spontane Vegetation muß wieder zu ihrem Recht kommen.
Nur die freie, die spontane Vegetation ist ein Partner, ein berufener Gesprächspartner des Menschen. Der einzige. Wir müssen die Schranken der Schönheit sich selbst erneuern lassen. Eine Schönheitsbarriere entsteht durch Unregelmäßigkeiten, die nicht durch den Menschen beherrscht, reglementiert, kontrolliert werden. Nur die Kunst kann eine Brücke schlagen zwischen Mensch und Natur, zwischen dem Menschen und Gott. Die Kunst ist keine Brücke zwischen den Menschen untereinander. (Hundertwasser)

744A STRASSE VOM NASSEN HIMMEL, 1980
Gobelin, 272 × 254 cm

73

151/280 © Hundertwasser 17. Juli 1978 Wien   (769)

◁
769 FENSTER IM TEICH, 1978
Aquatinta-Farbradierung von
vier Kupferplatten, 39,7 × 32,6 cm

749 POHUTAKAWA-BAUM UND SCHWIMMENDE
LIEBE. EINE WOCHE IN PERTH, 1975
Mischtechnik: Aquarell, Eitempera und
Öl auf Papier, grundiert mit
Kreide-Zinkweiß-Polyvinyl, geklebt
auf zwei Teile einer Spanplatte mit Polyvinyl
und Tapetenkleister
Beide Teile zusammen: 69 × 97 cm
Einzeln: 69 × 48,5 cm

119/220 Wien im Schnee den 19. Dezember 1976 Hundertwasser © Hundertwasser (762) 百水 〔seal〕

(762) VERSTECK DICH UNTER DER WIESE, ES BEGINNT ZU REGNEN, 1976
Mehrfarbige Radierung und Aquatinta von zwei Platten, 18 × 30 cm

der Mensch Baum ((762), s.S. 76): der Kopf ist verschwunden, zwei silberne Socken, am Ende der gestreiften Hose, schlagen Wurzeln. Die Worte fliegen in kleinen roten Ballons davon, gleich durchsichtigen Kronen gläserner Bäume, während der Künstler, hingestreckt auf der Erde, schläft. Als Skizzen von Träumen konkretisierten sich seine Bilder in der künstlerischen Verwirklichung des Friedens, in dem Sinne, daß die Architektur einen noch gangbaren Weg aufzeigt; fundamentale Harmonie kommt in Projekten, in dreidimensionalen Objekten, zum Ausdruck. Die Flagge, die den Stern Davids und die grüne Mondsichel vereint, als Hundertwasser 1978 in den Vorderen Orient eingeladen wird, ist ein solches Unterpfand der Brüderlichkeit.

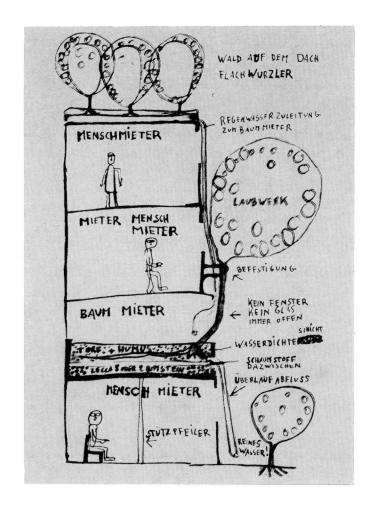

Scheiße. Das Humusklosett ist im Sinne von Green Power die Krönung all dieser transautomatischen Aktivitäten außerhalb der Malerei. Der Mensch muß sich dieser Macht beugen. Daher ist es angebracht, die alltägliche Umgebung, den Wohnbereich, schöpferisch zu gestalten. Wir haben gesehen, wie bedeutsam das Fensterrecht als Geste in diesem Sinne ist — aber bevor es das Haus gab, gab es die Natur, unseren ursprünglichen Lebensraum — der Rest ist nichts als Malerei. Man muß vegetativ leben, die Natur bewohnen. Die ästhetische Erscheinung ergibt sich dann von selbst. Wozu wäre es sonst gut, die äußere Welt, die Bäume und Berge zu betrachten, wenn wir in einem Planquadrat von geraden Linien und Systemen leben müßten?

In spiraligen Windungen vollzieht sich die Verdauung, der Nahrungszyklus, vom Mund bis zum Anus, durch die Speiseröhre und die Därme. Scheiße, das sind wir selbst, zurückgekehrt zur Erde: jedoch von himmlischem Regen besprengt, verrottet sie zu Humus. Eines Tages wird man daraus Gold ernten. Das Wort trägt einen Abglanz ehrwürdiger Worte wie: Homo Humus Humanitas, die Erde, die Mutter.[1] Hat der Tod der Mutter den Hundertwasser der Mannesjahre zurückversetzt in eine zweite Kindheit, wo die Spiele mit den Exkrementen zum Gegenstand der Reflexion und in vernünftige Bahnen gelenkt werden?

(1) Ich befasse mich auch mit der Beerdigungsordnung: der Mensch soll fünfzig Zentimeter unter dem Rasen ohne Sarg, nackt, damit die Bäume in den Körper eindringen können, begraben werden. Ein Baum wird an Stelle eines Grabsteins gepflanzt. Das Recycling erleben. Die Auferstehung durch den ökologischen Kreislauf. Der Friedhof wird zum Wald, ein Garten der glücklichen Toten ((170), s. vorderen Umschlag) ohne Begrenzungen von Mauern und Raum, der Garten erstreckt sich überall. Man *lebt* in diesem Garten, man erntet dort Früchte. So sterben die Menschen nicht, sondern verwandeln sich in Bäume. (Hundertwasser)

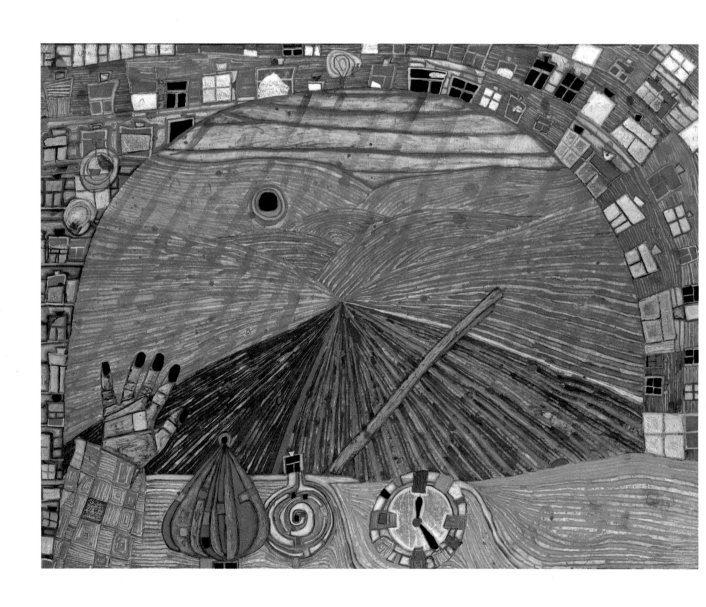

76/225 © Hundertwasser Regensburg 10.2.82 Prim

826

(826) NOSTALGIC ROOF
LE TOIT NOSTALGIQUE
DACH DER SEHNSUCHT
© HUNDERTWASSER
YELLOW ROOF 1-75
BLACK ROOF 76-150
RED ROOF 151-225
XXVII PROOFS
TOTAL EDITION 252
2 COPPER PLATES
PRINTED BY FINGER
7-12 1981 VIENNA

Homo - Humus - Humanitas
drei Schicksalswörter gleichen Ursprungs
Humus ist das wahre schwarze Gold
Humus hat einen guten Geruch
Humusduft ist heiliger und Gott
näher als der Geruch von Weihrauch
Wer nach dem Regen im Wald
spazierengeht, kennt diesen Geruch.[1]

Weshalb die Kriege? Um Öl, um falsche Götter, um das Goldene Kalb. Der Humus ist der Reichtum des Friedens. Dies ist die letzte Windung, und hinter den letzten Schleiern zeigt sich der Schimmer der Ikone.

Und was die Mitte bringt, ist offenbar
Das, was zu Ende bleibt und anfangs war.

Goethe, West-östlicher Divan

Fenster aus dem Teich. Fenster im Teich. Alle Straßen der Stadt und alle Häuser sind finster. Im Herzen der Nacht ist ein Fenster erleuchtet wie ein Stern, der im schwarzen Loch eines Brunnens funkelt. Leuchtturm inmitten der Dunkelheit, lenkt er den Schritt zu sich (769, s.S. 74). Die Komposition des Bildes wird bestimmt durch die Bewegung einer langen Allee entlang einer kurvigen Straße, gesäumt von Zäunen, die die schlafenden Häuser umschließen. Eine grüne und bläuliche Nacht, jedoch nicht eintönig: die Laubmassen, die Plätze, das offene Gelände und die dunkel rosaroten Farbflecke der Ziegel schlafen unter der nächtlichen Undurchdringlichkeit eines Sommerabends. Aber ist das ein erleuchtetes Fenster, oder ist es das Leuchten einer Kerze oder des Mondes? Das in Schlaf liegende Land und der Weg sind erleuchtet, genau wie derjenige, der vertrauensvoll auf der dunklen Straße geht. Da ist der Mittelpunkt der Spirale, der strahlende Mittelpunkt, der dem Ganzen seine Kraft und seinen Zusammenhalt gibt. Dieser Leitstern, der ganz nah erscheint und doch in der Unendlichkeit liegt, ist transparent. Wie seit eh und je hat das Fenster bei Hundertwasser ein menschliches Gesicht: es sieht und wird gesehen. Wer den Lichtfleck betrachtet, wird von ihm absorbiert.

DIE WIEDERGEWONNENE STILLE

Es wäre zu einfach, wollte man sagen, dieses Fenster öffne sich auf die Ewigkeit. Die Worte führen leicht irre, wenn es sich um eine Erfahrung des sinnlichen und nicht des gedanklichen Bereichs handelt. Man unterläßt es kaum, die Bilder bestimmten Symbolen gleichzustellen und die Spiralen für Mandalas zu nehmen. Hundertwasser ist in erster Linie Maler, er illustriert nicht irgendwelche vorgefaßten Theorien. Eine überlegte malerische Geste, bei der die Hand Schritt für Schritt ihren Weg geht, bevor das Bild, das Gleichnis, entsteht. So ist es auch mit den Tränen und Fenstern. Schließt die Augen, um die braune und blaue Nacht hinter den dunklen Augenlidern wiederzufinden, und das Bild erscheint und drängt sich auf als Ikone der wiedergewonnenen Stille. Ewigkeit ist ein abstraktes Wort, aber das Wort »Stille« stellt eine lebhafte Empfindung dar. Die Stille dämpft alle Stimmen und läßt nur diejenigen passieren, die in der tiefsten Tiefe Träger dieser Stille selbst sind.

Das Paradies Hundertwassers ist die Wiederfindung des Abenteuers, des einzigen, das zählt, des inneren Abenteuers. Es folgt nicht mehr den Wegen der Menschen, den Schienen, den Autostraßen.

(1) Friedensreich Hundertwasser, *Die heilige Scheiße.*

Es durchquert das Rote Meer trockenen Fußes und verbindet Orient und Okzident durch einen Schritt über die Beringstraße. Es gräbt sich tiefer in die Seele ein. Es hält sich an die einzig wahre Linie: den Horizont. Gauguin, auf seiner Insel hingestreckt neben magnoliengeschmückten exotischen Mädchen, trunken von der Farbe, trunken vom smaragdgrünen Absinth und dem brutalen Primitivismus dessen, was ihm Natur dünkte — jene Natur, die vor den Städten, den Staaten, den Zivilisationen, ihren Maschinen und ihren Armeen war — dieser Gauguin verliert sich im Garten Eden der Marquesas-Inseln. Wenn er im Sterben liegt, kann ihn die polynesische Eva nicht daran hindern, sich an die kleine bretonische Kirche zu erinnern, deren unsichtbare Farbigkeit er einst entdeckt hatte.

Wozu das lange Exil, wozu diese Reise? Um sich davonzustehlen, der beruflichen Verpflichtung, dem Ärger, Frau und Kindern zu entgehen, davongetragen von der Meeresbrise? Hatte er es nötig, so weit zu kommen, in seiner Hütte auf Hiva-Hoa wie ein Hund zu verrecken und sich an das Licht der Vergangenheit zu erinnern? Diese wundersame Reise ist nötig gewesen, um ihn das erfahren zu lassen, was er bereits wußte. Weil er Tahiti gesehen hatte, konnte er auch Pont-Aven sehen, und indem er sein Paradies im Pazifik malte, fand er die Bretagne für immer wieder. Wie verhielt es sich nun mit Neuseeland und seinen jungfräulichen Alpen, seinen Farnwäldern, seinen alterslosen Bäumen, seinen Lianen und Mangroven?

> Ich wußte noch nicht, daß die besten Bilder
> in der Seele des Menschen zu finden sind,

sagt Hundertwasser angesichts einer seiner ersten Zeichnungen nach der Natur. Von Neuseeland hatte ihm seine Mutter, als er klein war, erzählt, daß es ein schönes Land sei und daß die Menschen dort gut seien und keinen Krieg machten. Die »Regentag« liegt in der Bucht der Inseln verankert, im Land der langen weißen Wolken, wo einstmals die bunten Boote der Maoris anlegten. Im weit entfernten Tal der Bay of Islands beginnt Hundertwasser wie im Schoß eines geräumigen Bildes mit undurchdringlichen Dschungeln, Seen und Küsten, ein Zwiegespräch mit den Bäumen, die sich an das Paradies erinnern. Er beschwört die Geister seiner Maler, derer, die er liebt, und den Namen seiner Mutter.

Der Mensch muß wieder zum Kind werden, damit Bilder durch eine langsame Läuterung die Formkraft sichtbar machen, von der Klee spricht und die unsere innere Natur ist — nicht die Reproduktion von Kräften oder Naturformen. Die drängende Kraft des Kindes aber und die seiner Mutter haben dieselbe Wurzel, denselben Atem, sind *eine* Inspiration.

> Meine Spirale wächst und stirbt vegetativ, d.h. die Spiralbahnen verlaufen
> ähnlich wie die Mäander der Flüsse nach dem Gesetz des Wachstums der
> Pflanzen. Ich tue dem Ablauf keinen Zwang an, sondern lasse mich führen.
> Dadurch kann ich keine Fehler machen.[1]

Das erfordert ein Vertrauen, so unerschütterlich wie das des Kindes.

Das Buch schließt sich. Das letzte Bild, das Karree des Buchdeckels versammeln die losen Blätter und die Farben einer imaginären Reise. Die Regentropfen beleben das Grau unserer Wünsche, und auf diesem Humus werden unsere Träume zu grünen beginnen, während Hundertwasser, allein, seine Reise der Sonne entgegen fortsetzt, dem ewigen Lichtfleck, der mitten im Lärm der Welt die Stille, die das Wesentliche ist, hörbar macht.

(1) Wien, Mai/November 1974, *Die Spirale*, zit. nach Ausstellungskatalog, München, Haus der Kunst, a.a.O., S. 134.

Hoch-Wiesenhaus. Die Häuser
hängen unter den Wäldern, 1974
Architekturmodell für die Ausstellung
in der Albertina, Wien
▷

Terrassenhaus für viele Bäume
und viele Menschen, 1974
Architekturmodell Nr. 2

Augenschlitzhaus, 1974
Architekturmodell Nr. 1

Spiralhaus, 1975
Architekturmodell Nr. 10

EIN BUCH ÜBER EIN HAUS.

EIN BUCH ÜBER EIN UNGEWÖHNLICHES HAUS

DAS NICHT DEN ÜBLICHEN NORMEN UND KLISCHEES

DER SKOLASTISCHEN ARCHITEKTUR ENTSPRICHT.

EIN BUCH ÜBER EIN HAUS VON EINEM MALER ERDACHT UND GESTALTET.

ÜBER URSPRUNG, WERDEGANG UND VOLLENDUNG

EIN ABENTEUER DER MODERNEN ZEIT

EINE REISE IN EIN UNBEKANNTES LAND

IN DAS DER KREATIVEN ARCHITEKTUR

WO ES DAS FENSTERRECHT GIBT UND DIE BAUMMIETER,

DIE NICHTREGLEMENTIERTEN UNREGELMÄSSIGKEITEN,

DEN WANDEL-GANG,

DIE WÄLDER AUF DEM DACH

UND DIE SCHÖNHEITSHINDERNISSE.

DIE REISE IN DAS LAND WO NATUR UND MENSCH

SICH TREFFEN IN DER SCHÖPFUNG.

EIN BERICHT ÜBER DAS ERSTE FREIE HAUS.

EIN MALER TRÄUMT.

EIN MALER TRÄUMT VON HÄUSERN.

VON EINER SCHÖNEN ARCHITEKTUR IN DER DER MENSCH FREI IST.

UND DIESER TRAUM WIRD WIRKLICHKEIT.

HUNDERTWASSER

Wien, am 3. Mai 1985

Aus: *Architektur der Hoffnung. Natur→ und Menschen→ Gerechteres Wohnen*
Österreichischer Bundesverlag, Wien, 1985

UND SEIT 1984...

Seit der Redaktion des Textes zu diesem Buch widmet sich Hundertwasser einem Bauprojekt, das ihm besonders am Herzen liegt: der Errichtung einer Wohnanlage der Gemeinde im Herzen von Wien. Diese Anlage möchte die architektonischen Vorstellungen des Künstlers für ein natur- und menschengerechtes Wohnen realisieren. Sie sollen dem Leser nahegebracht werden mit Hilfe des Textes von E. Warlamis »mag. arch. freischaffender Künstler, Architektenforschung, experimentelle Architektur, 1974-81, Lehrbeauftragter an der Hochschule für angewandte Kunst in Wien, Abteilung Architektur, Leiter des Architektur-Seminars Santorin« in einer kurzen illustrierten Beschreibung dieses Projektes.

DAS HUNDERTWASSER HAUS ECKE LÖWENGASSE/KEGELGASSE, WIEN 3

Die bauliche Organisation der Wohnhausanlage Löwengasse-Kegelgasse bildet ein räumliches Kontinuum in einer Verzahnung »öffentlicher und privater« Bereiche. Der Mensch dringt ein in ein weitläufiges Netzsystem, in ein Labyrinth von Räumen, Ebenen, Körpern, in vielen Richtungen verteilt, übereinander, nebeneinander, in rhythmischer Wiederkehr eines totalen Bewegungsraumes. Die Umgebung wird zum Medium einer sensitiv-intensiven Wahrnehmung. Der Umraum als Aktionsraum wird zum Bühnenraum der eigenen Entfaltung.

Diese Architektur läßt sich nicht durch Flächenprojektion aufnehmen und begreifen. Ihre Räume sind nicht geometrisierbar, obzwar Strukturen erkennbar werden, die eine Typologie vermuten lassen. Statt in einem statischen Nach- und Nebeneinander von Raum und Zeit verlaufen hier die Dinge in mehreren temporär sukzessiven Ebenen; nicht durch ein System vertikaler und horizontaler Achsen, die einem fiktiven Perspektivpunkt zugeordnet werden, sondern durch Bewegungsrhythmen, die den Menschen räumlich, zeitlich und historisch durchdringen.

Die architektonische Konzeption. Die Konzeption des Wohnhauses in der Löwengasse-Kegelgasse setzt eindeutige Signale für die Individualisierung der Stadt und damit auch die Abkehr von Normung und Vereinheitlichung. Darin offenbart sich einerseits die Offenheit, andererseits die Vielfalt der Gestaltung. Mit der Individualisierung der Stadtgestalt ist gleichzeitig auch die Frage der Identifikation der Bewohner mit der Stadt berührt. Während in einer anonym nach einem einheitlichen Rasterprinzip gestalteten Stadt der persönliche Bezug zwangsläufig verkümmert und zum Identitätsverlust führt, ist der Bewohner in dem offenen System Hundertwassers geradezu animiert und ermutigt, seinen eigenen »Identitätsraum« zu formen (z.B. Fensterrecht, Baummieter). Für die Bestimmung der stadträumlichen Qualität ist diese pluralistische Konzeption geradezu unbegrenzt stimulierend für die Entfaltung der persönlichen Initiative und Beteiligung innerhalb der überschaubaren Vielfalt.

Ich zähle Hundertwassers Wohnungsbau zu den »utopias of reconstruction«, wie sie Lewis Mumford klar definiert hat. Mumford ordnet die Utopien in zwei Kategorien: die Konstruktiven (utopias of reconstruction) und die Fluchtutopien (utopias of escape). In den Fluchtutopien erkennt er den Abwehrcharakter gegen gesellschaftliche Konflikte, die der Utopist nicht zu lösen vermag, denen er vielmehr mit Hilfe der Idealstadt seines Traumes zu entrinnen sucht. Die »utopias of reconstruction« enthalten statt dessen eine Vision einer wiederhergestellten Umwelt, die besser an die Natur und die Ziele der menschlichen Lebewesen angepaßt ist als deren gegenwärtige Umwelt.

Hundertwasser weiß vom Konflikt der Unvereinbarkeit von populären und elitären Codes in der modernen Architektur. Daher sind die formal stilistischen Entscheidungen, obzwar sie präzise in einer archetypisch mediterranen-afrikanischen Formensprache gewählt wurden, den wichtigeren Kriterien und Forderungen untergeordnet:

> a) dem Verzicht auf den verdichteten Wohnbau zugunsten einer plastisch bewegten Raumgliederung,

> b) den vegetativen und ökologischen Forderungen der Zeit, Häuser als Pflanzengefäße und Grünplateaus auszunutzen. »Nur wer nach den Gesetzen der Pflanzen und der Vegetation handelt, kann nicht fehlgehen«, formuliert schon 1977 Hundertwasser in Wien.

Hundertwassers architektonische Konzeption scheint aber auch besonders geeignet, die aufbrechende und tiefgreifende allgemeine Veränderung des »Raumgefühls« zu signalisieren, die aus der

Auseinandersetzung mit dem Schöpferischen hervorgeht. Das Wohnen ist nicht mehr eine beliebige Tätigkeit neben anderen, sondern ist eine Wesensbestimmung des Menschen, die über sein Verhältnis zur Welt im Ganzen entscheidet.

»Ich habe eine große Wahrheit entdeckt«, schreibt Saint-Exupéry in seiner »Citadelle« der »Stadt der Wüste«, »zu wissen, daß die Menschen wohnen und daß sich der Sinn der Dinge für sie wandelt, je nach dem Sinn ihres Hauses«, als einer der ersten, die die Bedeutung des Wohnens erkannten. Aber auch Bachelard hat insbesonders in seiner »Poetik des Raumes« die Tiefenwirkung des Wohnens umrissen. Die »glücklichen Räume«, die »geliebten Räume« ermöglichen es dem Menschen, den Träumen der Einbildungskraft nachzugehen. »Das Haus beschützt die Träumerei, das Haus umhegt den Träumer, das Haus erlaubt uns, in Frieden zu träumen«.

Hundertwasser realisiert nun dieses »Träume-Haus«, seine Vorstellungen und Ziele hat er wiederholt präzise und klar definiert, »trotzdem ist es ein ungewöhnliches Haus, denn es soll in dem Meer von rationellen Häusern eine Oase für Menschlichkeit und für die Natur sein«, formuliert er 1980 in Wien, anläßlich der Präsentation der Modelle und des Projektes, und weiter »es soll die Sehnsucht der Menschen nach Romantik verwirklichen...«

Zusammenfassung. Sowohl die Konzeption als auch die jetzt in der Endphase befindliche Wohnanlage Hundertwassers haben in der Folgewirkung eine Reihe struktureller und inhaltlicher Veränderungen eingeführt, die die Gesamtheit der Positionen und Beziehungen des städtischen Gestaltens neu ordnet und erweitert. Das Hundertwasser-Haus hat eine neue Ära des sozialen Wohnbaus eingeleitet. Ich möchte in den folgenden Begriffskonstellationen die erwähnten Veränderungen in vereinfachter Form aufzeigen und erläutern. Kunst-Stadt-Verwaltung, Entwurf und Planung, Strategien der Partizipation, Stadterneuerung.

Kunst - Stadt - Verwaltung. Nach sehr langer Zeit wird wieder die Kunst als schöpferische Handlung zur unmittelbaren Gestaltung und Beteiligung des Lebensraumes herangezogen. Nicht als

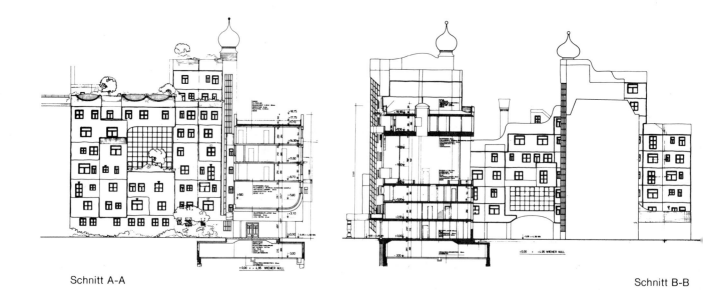

Schnitt A-A   Schnitt B-B

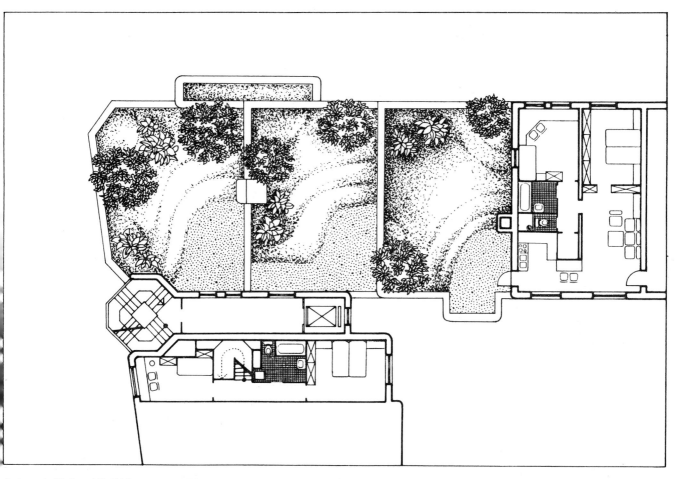

3. Ausschnitt Grundriß, Wohnterrassen, M : 200

ästhetischer Zierat der Konformität, sondern als Lebensraum mit dem schöpferischen Akt des Bauens. Die Stadt integriert diesen Akt nicht als Schmuck für den öffentlichen Raum, sondern als Bestandteil ihres politischen Lebens. Diese Initiative der Gemeinde Wien setzt die lange historische Tradition des sozialen Wohnbaus fort, von dem auch stets Impulse für viele Länder ausgegangen sind.

Entwurf - Planung - Baurealisierung. Hundertwassers Konzept brachte für Architekten, Ingenieure und Handwerker auch völlig neue Formen der Zusammenarbeit. Der Bauablauf erfolgte nicht nach einem erstarrten Modell, sondern als ein für Änderungen und Verbesserungen offener Prozeß. Damit bekommt die Baustelle für Architekten und Planer eine größere Bedeutung als die Arbeit des Ateliers. Und gerade aus diesen neuen Formen kooperativen Planens und Bauens entwickelt sich die Erneuerung der Architektur, wodurch in der Folge neue Berufs- und Ausbildungsanforderungen an die Hochschulen und den Berufsstand der Architekten gestellt werden.

Strategien der Partizipation. Über Jahre hinweg hatten Rationalisierungen zu Lasten der Kooperation die Formenwelten, die sich der präzisen Festlegung durch den Plan entziehen, aus dem Horizont der zeitgeschichtlichen Ästhetik verdrängt. Alles das, was nicht durch autoritäre Vorwegent-scheidungen des Architekten festlegbar ist, wurde mit fachlichen Sanktionen belegt (Kitsch, schlechter Geschmack, Verrücktheit) oder durch Bauvorschriften in die Illegalität verdrängt. Hundertwassers Architekturpopularisierung ist nicht durch einen alternativen Trend zu verstehen, sondern durch den langjährigen Prozeß der Kommunikation mit den Menschen in der Art, wie wir sie in den Mittelmeerländern empfinden — direkt, klar und einfach, heiter und positiv.

Stadterneuerung. Die heutigen Schwierigkeiten des Wohnbaus stammen zum größten Teil von der unbewältigten soziologischen und städtebaulichen Situation. Auch der Wohnungsbau hat seine Krise. Diese Krise und Unsicherheit haben aber auch positive Aspekte; sie ermöglichen es, zu suchen und zu finden, zu erfinden, verschiedene Auffassungen und Möglichkeiten, Wohnungsbau-Architektur methodisch und experimentell zu bauen, zu untersuchen und zu diagnostizieren und damit der Vielfalt der verschiedenen Probleme unserer pluralistischen Gesellschaft Rechnung zu tragen.

4. Baustellenaufnahme Ecke Kegelgasse, Löwengasse,
Frühjahr 1984

90

Gegenüber üblichen Bauvorhaben weist das kooperative Modell Hundertwassers mit seiner Öffnung der gestalterischen Kompetenzen die Umorientierung der Wohnqualität in mehrfacher Hinsicht auf.

Es ist absolut notwendig, diesen aufbrechenden schöpferischen Prozeß zu erkennen und zu fördern und ihn auf keinen Fall zugunsten einer doktrinären Richtung abzubrechen. Die Besinnung auf das Wesen der Architektur zeigt Gesetzmäßigkeiten, die außerhalb der zeitgebundenen Funktionsforderungen stehen.

E. Warlamis

Aus: *Architektur der Hoffnung.   Natur→ und Menschen→ Gerechteres Wohnen*
Österreichischer Bundesverlag, Wien, 1985

BIOGRAPHIE

FRIEDENSREICH HUNDERTWASSER

1928 Geboren am 15. Dezember in Wien (als Friedrich Stowasser).

1943 Erste bewußte Buntstiftzeichnungen nach der Natur.

1948 Matura. Dreimonatiger Besuch der Akademie der bildenden Künste in Wien.
Einfluß durch Egon Schiele.
Beginn der Entwicklung eines eigenen Stils.

1949 Nimmt den Namen Hundertwasser an.

1950 Erster Aufenthalt in Paris. Verläßt die École des Beaux-Arts am ersten Tag.

1951 Mitglied des Art Club, Wien.

1952 Dekorativ-abstrakte Periode.
Erste One-Man-Show im Art Club, Wien.

1953 Die erste Spirale erscheint.

1954 Erste Ausstellung in Paris, Theorie über den »Transautomatismus«.

1955 Ausstellung in der Galleria del Naviglio, Mailand.

1956 »Grammatik des Sehens«.

1958 »Verschimmelungsmanifest gegen den Rationalismus in der Architektur«.

1959 Zieht die »endlose Linie« gemeinsam mit Herbert Schult und Bazon Brock.
»Brennessel« - Happening in Paris.

1961 Mainichi-Preis der VI. International Art Exhibition, Tokio.

1962 Atelier auf der Giudecca, Venedig.

1964 Museums-Wanderausstellung: Hannover, Amsterdam, Bern, Hagen, Stockholm, Wien.
Veröffentlichung des ersten Hundertwasser-Werkeverzeichnisses.

1966 Erster Hundertwasser-Film.

1967 Farbige Graphiken, erste Metallprägungen.
Wanderausstellung in Paris, London, Genf, Berlin.
Nacktdemonstration in München und Wien (1968) gegen inhumane Umweltformen und sterile Architektur.

1968 Liest in Wien »Los von Loos« - Das Architekturboykott-Manifest.

1968-1972 Umbau der »San Giuseppe« in die »Regentag« in den Werften von Venedig.

1969 Wanderausstellung durch amerikanische Museen.

1969-1972 Arbeitet an 80 Variationen der Graphik »Good Morning City - Bleeding Town«.

1970-1971 Film »Hundertwassers Regentag«.
Arbeit an der Graphik-Kassette »Look at it on a Rainy Day«.

1971 Olympia-Poster, München.

1972 Demonstriert seine Vorstellungen von Dachbewaldung und individueller Fassadengestaltung.

1973 Erste japanische Holzschnittmappe »Nana hyaku mizu« mit sieben Holzschnitten.
Teilnahme an der Triennale di Milano.
Briefmanifest »Der Baummieter«.
Ausstellung New York.

1974 Wanderausstellung Australien.
Ausstellung »Stowasser 1943 - Hundertwasser 1974« in der Albertina, Wien.
Veröffentlicht das gesamte Jugendwerk: »Friedrich Stowasser 1943-1949«.
Briefmarke »Spiralbaum« für Österreich.
Konzipiert die Fußgeherzone Seilergasse.
Ausstellung bei Paul Facchetti, Paris.

1975 Retrospektive Haus der Kunst, München.
Welt-Wanderausstellung: Paris, Luxemburg, Marseille, Kairo.
Manifest »Humustoilette«, München.
Ausstellung des graphischen Werkes: New York, Boston.

1976 Welt-Wanderausstellung: Tel Aviv, Warschau, Reykjavik, Kopenhagen, Dakar.

1977 Welt-Wanderausstellung: Tokio, Yokohama, Hongkong, Kapstadt, Pretoria, Rio de Janeiro, Brasilia, São Paolo, Caracas.

1978 Mexico City, Montreal, Toronto, Budapest.
Friedensflagge für den Nahen Osten.

1979 Welt-Wanderausstellung: Madrid, Zürich.
Manifest »Scheißkultur - Die heilige Scheiße«.
Wanderausstellung »Hundertwasser is Painting«.

Drei österreichische Briefmarken.
Humustoilette ohne Abzugsrohr und Wasserreinigung durch Wasserpflanzen.

1980 Welt-Wanderausstellung: Rom, Mailand, Oslo,
Köln, 1981 Wien, Graz, Berlin, Helsinki,
Bukarest, 1982 Sofia und Jugoslawien.
Wohnprojekt im Auftrag der Stadt Wien.
Großer Österreichischer Staatspreis 1980.
Umweltschutzposter »Arche Noah 2000«.
Anti-Atomenergie-Poster »Plant Trees«.
»Hundertwasser Day« in Washington am 18.
November 1981.
Vorträge über naturgerechte und menschenge-
rechte Architektur.
Rede gegen Kernkraft und die Situation in der
zeitgenössischen Kunst anläßlich der Verleihung
des Großen Österreichischen Staatspreises 1980.
Vorträge in Köln, München, Frankfurt, Graz,
Wien, Berlin, Hamburg.
Österreichischer Naturschutzpreis 1981.

1982 Poster *Künstler für den Frieden.*
Vorträge über Architektur, Umwelt und Kunst
in Sydney, Manila, Seattle, San Francisco,
Washington D.C.
Schenkung zweier Poster an Greenpeace und
Jacques Cousteau Society.
Poster *You are a Guest of Nature* für Center
of Environmental Education, Washington D.C.
Reise nach Tahiti und Neuseeland.

Welt-Wanderausstellung: Sofia, Orléans, Nizza,
Nancy, Lübeck, Bonn, Quito, Cuena, Guayaquil,
Managua, Philadelphia.
Hundertwasser malt, Artcurial, Paris.

1983 Entwirft sechs Briefmarken für die Vereinten
Nationen.
Kämpft um die Erhaltung des alten Post-
gebäudes von Kawakawa, Neuseeland.
Arbeitet an der Serigraphie *10002 Nächte.*
Welt-Wanderausstellung: London, New York,
Edinburgh.
Vorlesung am Royal College of Art in London.

1984 *Der Fall der Avantgarde* - TV-Sendung München
mit Brauer, Fuchs und Hrdlicka.
Beendet in Spinea den Siebdruck (860) . *10002*
Nächte - Homo Humus How Do You Do.
Erhält den Umweltpreis der Stadt Goslar.
Arbeit an der Baustelle des Wohnhauses der
Gemeinde Wien, Löwengasse/Kegelgasse.
Beteiligt sich aktiv am Schutz der Hainburger
Au mit Plakat und Manifesten.
Kampiert eine Woche mit den Umwelt-
schützern.

1985 Arbeit am Hundertwasser-Haus für die Gemeinde Wien.
Erhält 1. Preis für Öko-Plakat in Prag.
Hält Eröffnungsreferat ORF-Goldegger-Sympo-
sium »Die zweite und dritte Haut«.

Am Abend trugen sie den Fremden in die Totenkammer;
Ein Duft von Teer; das leise Rauschen roter Platanen;
Der dunkle Flug der Dohlen; am Platz zog eine Wache auf.
Die Sonne ist in schwarze Linnen gesunken; immer wieder kehrt dieser vergangene Abend.
Im Nebenzimmer spielt die Schwester eine Sonate von Schubert.
Sehr leise sinkt ihr Lächeln in den verfallenen Brunnen,
Der bläulich in der Dämmerung rauscht. O, wie alt ist unser Geschlecht.
Jemand flüstert drunten im Garten; jemand hat diesen schwarzen Himmel verlassen.
Auf der Kommode duften Äpfel. Großmutter zündet goldene Kerzen an.

Georg Trakl
Unterwegs

BIBLIOGRAPHIE IN AUSWAHL

AUSSTELLUNGSKATALOGE

1953 Art Club, Wien. Text von Hundertwasser: »Wir sind nicht mehr fähig, Gleichnisse zum Leben zu schaffen«.

1954 Studio Paul Facchetti, Paris. Texte von Hundertwasser: »Die gerade Linie führt zum Untergang«, und Julien Alvard.

1955 Galleria del Naviglio, Mailand. Text von Hundertwasser: »Gott ist zweimal erschienen« mit einem Gedicht als Ergänzung zum Katalog, »Libellaquarellula«.

1956 Studio Paul Facchetti, Paris. Text von Hundertwasser: »Ausstellungen sind zeitgenössische Formen des Glaubens«.

1957 Galerie Kamer, Paris. Vorwort von Pierre Restany, mit drei Texten von Hundertwasser: »Warum Transautomatismus notwendig ist«, »Autobiographie«, »Die Grammatik des Sehens«.

Galerie St. Stephan, Wien. Texte von Pierre Restany: »Hundertwasser als Prophet einer neuen Religion« und Hundertwasser: »Das Farben-Gedicht«, »Meine Augen sind müde«, »Maler sein ist kein Hungerleiderberuf« und »Ich esse nicht gerne Kirschen«.

1960 Galerie Raymond Cordier, Paris. Text von Hundertwasser: »Les ›Je‹ additionnés«.

1961 Tokyo Gallery, Tokio. Text von Hundertwasser: »Kanji-Text«.

1962 Galleria La Medusa, Rom. Text von Antonio Bandera, mit einem Nachdruck von Hundertwassers Text für die Ausstellung im Studio Paul Facchetti, Paris, im Jahr 1954.

XXXI. Biennale, Venedig. Text des Katalogs für die Hundertwasser-Ausstellung von Arnulf Neuwirth.

1963 *Hundertwasser ist ein Segen für Deutschland.* Galerie Anne Abels, Köln, mit einem Text von Hundertwasser: »Daran habe ich fest gedacht, als ich mir 1949 diesen Namen aussuchte«.

1964 Kestner-Gesellschaft, Hannover. Texte von Wieland Schmied, Segi Shinichi, mit einem Gedicht von Hundertwasser: »Der Tod der tausend Fenster« und einem Nachdruck »Das Farben-Gedicht« aus dem Jahr 1957.

Moderna Museet, Stockholm. Text von Hundertwasser: »35 Tage Schweden«, nachgedruckt Stuttgart: Paul Eckhardt, 1967.

Stedelijk Museum, Amsterdam. Text von Wieland Schmied.

1966 Hammerlunds Kunsthandel, Oslo. Text von Leif Ostby.

1967 *Hundertwasser: Neuere Bilder,* Galerie Karl Flinker, Paris. Mit einer Erklärung Hundertwassers: »Hundertwassers Schreiben in der Nacht, 17. Januar 1967«. Selbe Ausstellung und Katalog für die Hanover Gallery, London; Galerie Krugier, Genf; Kunstverein, Berlin.

1968 Galerie Prisma, Kopenhagen. Text von Pierre Lübecker.

Galerie Valentien, Stuttgart. Text von G. Stöver.

1969 Universität von Kalifornien, Berkeley. Texte von Herschel G. Chipp, Brenda Richardson, J. J. Aberbach, Ruth Scott, Brigid Shanahan, Hollister Sturges, Jerell Kraus, Sherry Buckberrough, James R. McKell, Ida Rigby und Peter C. Brooks.

1973 Aberbach Fine Art, New York. Text von J. J. Aberbach.

Auckland City Art Gallery, Neuseeland, Graphisches Werk. Texte von Wieland Schmied: »Hundertwasser unterwegs nach Neuseeland«, Don Hendry Fulton, Hertha Dabbert und Richard Teller-Hirsch.

1974 Galerie Paul Facchetti, Paris. Text von Paul Facchetti.

Staatsmuseum Albertina, Wien. »Friedrich Stowasser 1943-1949«. Texte von Hundertwasser, Ernst Fuchs und Erich Brauer.

Galerie Welz, Salzburg. Text von Wieland Schmied.

1975 Musée d'Art Moderne de la Ville de Paris. Texte von Pierre Restany, Walter Koschatzky und einige Texte von Hundertwasser: »Hundertwasser über Hundertwasser«, »Wir sind nicht mehr fähig, Gleichnisse zum Leben zu schaffen«, »Brief an einen Wiener Kritiker«, »Die Sichtbarkeit von transautomatischen Kreationen«, »Das Farben-Gedicht«, »Nettles Manifesto«, »Pintorarium«, »Die Spirale«, »Das Toiletten-Manifest«, »Architekturboykott, Los von Loos Manifest«, »Dein Fensterrecht - Deine Baumpflicht«, »Der Baummieter«, »Die Vorteile des Grasdaches«.

Haus der Kunst, München, Texte von S. Schlötzer, Siegfried Poppe, Walter Koschatzky und Texte von Hundertwasser: »Los von Loos«, »Dein Fensterrecht - Deine Baumpflicht«, »Meine Augen sind müde«.

1976 Museum Tel Aviv. Texte von Pierre Restany und Walter Koschatzky, mit Texten von Hundertwasser: »Meine Augen sind müde«, »Das Farben-Gedicht«, »Los von Loos«, »Dein Fensterrecht - Deine Baumpflicht«.

1977 Galerie Brockstedt, Hamburg. *Hundertwasser, Gobelins.* Texte von Hundertwasser, Heinz Spielmann, Fritz Riedl und Hildegard Absalon.

1980 Museum Ludwig, Köln. Texte von Bruno Kreisky, Leopold Senghor, Karl Ruhrberg, Walter Koschatzky und Texte von Hundert-

wasser: »Das Farben-Gedicht«, »Wir sind nicht mehr fähig, Gleichnisse zum Leben zu schaffen«, »Brief an einen Wiener Kritiker«, »Der gerade Weg führt zum Verlust der Menschlichkeit«, »Pintorarium«, Auszug aus »Der Transautomatismus, eine allgemeine Mobilmachung des Auges« 1956, »Nettles Manifesto«, »Die Spirale«, »Die Nasenblume«, »Verschimmelungsmanifest«, »Los von Loos«, Nachdruck der Pressekonferenz, die im September 1980 in Wien abgehalten wurde, um das Krawina-Projekt zu präsentieren, »Anti-Atom-Brief«, »Scheisskultur - Die heilige Scheisse«, »Dein Fensterrecht - Deine Baumpflicht«, »Der Baummieter«, »Die Vorteile eines Grasdaches«, »Fahnenmanifest«, »Augenschlitzhaus«, »Die grüne Autobahn«, »Gras-Dachhaus«, »Gruben-Haus«, »Hoch-Wiesen-Haus«, »Terrassen-Haus«, »Service Station«.

1983 Barbican Art Gallery, London. Texte von Bruno Kreisky, Pierre Restany, Walter Koschatzky und Texte von Hundertwasser mit Nachdrucken früherer Kataloge und »Über falsche Kunst« und »Humustoilette und Wasserreinigung«.

WERKE ÜBER HUNDERTWASSER

BOCKELMANN, Manfred. *Regentag.* München: Bruckmann, 1972.

BREICHA, Otto, Hrsg. *Transautomatismus, Los von Loos, Die Grammatik des Sehens. Protokolle 68.* München, Wien: Jugend und Volk.

BREICHA, Otto, Hrsg. *Farbe in der Architektur. Protokolle 82.* München, Wien: Jugend und Volk.

BROCKSTEDT, Hans, Hrsg. *Ao Tea Roa.* Hamburg: Albrecht Knaus, 1980.

DOERNER, Max. *Hundertwasser, Maltechnik eines modernen Malers.* Stuttgart: Ferdinand Enke, 1971.

HOFMANN, Werner. *Friedensreich Hundertwasser.* Salzburg: Galerie Welz, 1965.

HUNDERTWASSER. *Verschimmelungsmanifest. Moderne Architektur.* Hermann Schroessel, 1962.

HUNDERTWASSER. *35 Tage Schweden.* Stuttgart: Paul Eckhardt, 1967.

HUNDERTWASSER. *Der Baummieter.* Ellermann, 1978.

MANDIARGUES, André Pieyre de. *Hundertwasser.* Montpellier: Fata Morgana, 1967.

MANDIARGUES, André Pieyre de, JOUFFROY, Alain. *Hundertwasser.* Paris: Artcurial, 1982.

OSSI, Ida. *L'Arte austriaca e Hundertwasser.* Dissertation. Universität Padua, 1970-1971.

RESTANY, Pierre. *Happy Hundertwasser. (Hundertwasser Heureux).* New York: Ballantine, 1977.

RIEDEL, Ingrid. *Guten Morgen meine Stadt*, mit Hundertwassers Texten über Architektur. Christophorus, 1974.

SCHMIED, Wieland. *Hundertwasser.* München: Buchheim, Feldafing, 1964.

SCHMIED, Wieland. *Der Weg zu dir.* Frankfurt: Insel, 1967.

SCHMIED, Wieland. *Hundertwasser.* Salzburg: Galerie Welz, 1974.

SCHURIAN, Walter. *Hundertwasser. Schöne Wege. Gedanken über Kunst und Leben.* München: Deutscher Taschenbuch Verlag, 1983.

ABBILDUNGEN